U0576223

走进"一带一路"丛书

浙江省社科联社科普及课题（22KPWT06ZD-15Z）

中亚腹地的"四金之国"
乌兹别克斯坦

劳灵珊
苏 畅 著

浙江工商大学出版社
ZHEJIANG GONGSHANG UNIVERSITY PRESS

·杭州·

图书在版编目(CIP)数据

中亚腹地的"四金之国":乌兹别克斯坦 / 劳灵珊,
苏畅著. — 杭州:浙江工商大学出版社,2023.9(2024.9重印)
(走进"一带一路"丛书)
ISBN 978-7-5178-4794-6

Ⅰ.①中… Ⅱ.①劳… ②苏… Ⅲ.①乌兹别克—概
况 Ⅳ.①K936.2

中国版本图书馆 CIP 数据核字(2022)第 017009 号

中亚腹地的"四金之国"——乌兹别克斯坦
ZHONGYA FUDI DE "SI JIN ZHI GUO"——WUZIBIEKESITAN

劳灵珊　苏　畅著

出 品 人	郑英龙	
策划编辑	王黎明	
责任编辑	王黎明	
封面设计	朱嘉怡	
责任校对	何小玲	
责任印制	包建辉	
出版发行	浙江工商大学出版社	
	(杭州市教工路 198 号　邮政编码 310012)	
	(E-mail:zjgsupress@163.com)	
	(网址:http://www.zjgsupress.com)	
	电话:0571-88904980,88831806(传真)	
排　　版	杭州朝曦图文设计有限公司	
印　　刷	杭州高腾印务有限公司	
开　　本	880 mm×1230 mm　1/32	
印　　张	6.625	
字　　数	155 千	
版 印 次	2023 年 9 月第 1 版　2024 年 9 月第 2 次印刷	
书　　号	ISBN 978-7-5178-4794-6	
定　　价	59.80 元	

版权所有　侵权必究

如发现印装质量问题,影响阅读,请和营销发行中心联系调换
联系电话　0571-88904970

走进"一带一路"丛书顾问委员会

田长春　中国前驻阿尔巴尼亚共和国、亚美尼亚共和国大使

华黎明　中国前驻伊朗伊斯兰共和国、阿拉伯联合酋长国、
　　　　荷兰王国大使

李华新　中国前驻伊拉克共和国、阿拉伯叙利亚共和国、沙
　　　　特阿拉伯王国大使，驻悉尼总领事

李瑞宇　中国前驻丹麦王国、意大利共和国大使

吴正龙　中国前驻克罗地亚共和国大使

吴思科　前中国中东问题特使，中国前驻沙特阿拉伯王国、
　　　　阿拉伯埃及共和国大使

闵永年　中国前驻阿拉伯埃及共和国使馆参赞、驻文莱达鲁
　　　　萨兰国大使

宋荣华　中国前驻菲律宾共和国宿务总领事

郁红阳　中国前驻约旦哈希姆王国、伊朗伊斯兰共和国、土
　　　　耳其共和国大使

赵　彬　中国前驻奥地利共和国大使

柴　玺　中国前驻孟加拉人民共和国、马耳他共和国、马来
　　　　西亚大使

黄惠康　联合国国际法委员会委员，中国前驻马来西亚大使

傅元聪　中国前驻东帝汶民主共和国大使

丁喜刚　新华社前驻达喀尔分社首席记者

王　波　新华社前驻伊拉克共和国、科威特国、沙特阿拉伯
　　　　王国和巴林王国分社首席记者

刘咏秋　新华社驻罗马分社记者，前驻希腊共和国、斯里兰
　　　　卡民主社会主义共和国分社记者

陈德昌　新华社前驻希腊共和国分社、塞浦路斯共和国分社
　　　　首席记者

明大军　新华社前驻曼谷分社、驻耶路撒冷分社首席记者

章建华　新华社驻堪培拉分社首席记者，前驻喀布尔、河内
　　　　和万象分社首席记者

特别顾问

马晓霖　浙江外国语学院教授，环地中海研究院院长

走进"一带一路"丛书编委会

编委会主任　　宣　勇　　张环宙　　周　烈

编委会委员　　赵　伐　　马新生　　崔　庆

　　　　　　　　　郑淑贞　　刘晓静　　赵东旭

主　　　编　　赵　伐　　马新生

‖ 目　录 ‖

开篇

自古以来,河流往往意味着文明的诞生。流经中亚地区的阿姆河和锡尔河也如同其他河流一样,完成了自己孕育文明的使命。这两条河分别发源于帕米尔高原和天山山脉,向西北汇入咸海。这一流域在汉唐时期被称为"河中之地",是古代中亚文明的发祥地。然而,这片曾经水草肥美、文化繁荣的地区却也因自己的辉煌而受到强权的觊觎,饱受战争摧残。幸运的是,经过岁月的不断洗礼,这两条标志着文明和希望的大河依旧奔流不息,它们正在滋养着全新的现代国家。更令人欣慰的是,在新文化诞生的同时,这里仍然保留了很多引人入胜的古城与恢宏的历史建筑,还流传着大量传统手工艺。

乌兹别克斯坦拥有阿姆河—锡尔河这条"两河"文明走廊的大部分地区,是亚洲腹地中的腹地。乌兹别克斯坦拥有古代丝绸之路上的许多重镇,是中亚历史文化遗存最为丰富的国家。在它的国土上有着数千处古迹、遗址,一些博物馆里还保存着许多珍贵的文物和大量珍贵的手稿。就像日本被视为"菊与刀"的国家那样,乌兹别克斯坦可以用"桑与棉"来概括。制丝的蚕桑、纺织的棉花——曾经是那个时代中亚地区的主角,那些精美的丝和棉制品随着古代粟特人的步伐,通过丝绸之路走南闯北。棉花是乌兹别克斯坦的名片。这里有世界上最有名的绿洲长绒棉产区,雪山融水的灌溉,加上充足的光热、略带碱性的荒漠土壤,非常适合棉花生长。在亚洲古文明交相辉映的过程中,棉是这片土地直接的见证者。棉花不仅仅是一种农作物,千百年来还深刻影响了当地人的生活。今天,古丝绸之路虽已不再辉煌,但中亚,尤其是乌兹别克斯坦的蚕桑与棉纺织业,仍发挥着余热。除了棉花,乌兹别克斯坦还有丰富的黄金、石油、天然气等自然资源,这三者与棉花并称为黄、黑、蓝、白"四金",是这个国家的经济支柱产业,乌兹别克斯坦也以中亚的"四金之国"之名享誉世界。

乌兹别克斯坦历史悠久,这片土地上很早就有了人类活动。9 至 11 世纪,乌兹别克先民们建立了喀喇汗王朝、伽色尼王朝等。13 世纪,今乌兹别克斯坦所在的河中之地被蒙古人征服。14 世纪中叶,帖木儿建立了以撒马尔罕为首都的庞大帝国。16 至 18 世纪,乌兹别克人建立布哈拉汗国、希瓦汗国和浩罕汗国。19 世纪 60 至 70 年代,部分领土并入俄罗斯。1917年至 1918 年间,中亚地区纷纷建立苏维埃政权。1924 年,乌兹别克苏维埃社会主义共和国成立。在苏联解体危机影响下,1991 年 8 月 31 日,共和国宣布独立,从当年 9 月 1 日起正式脱离苏联,成为独立的主权国家,国名为乌兹别克斯坦共和国。1991 年 12 月,乌兹别克斯坦以独立主权国家的身份加入独联体。和许多其他独联体经济体一样,乌兹别克斯坦经济在转型的头几年里有所下滑,但得益于较为稳定的政局和渐进的改革模式,1995 年后社会发展,经济开始复苏,被认为是由计划经济向市场经济道路平稳转型的独特范例,形成了"乌兹别克斯坦经济改革模式"。

乌兹别克斯坦通过丝绸之路历来与中国保持着悠久的友好联系。如今,在"一带一路"的伟大倡议下,中乌两国更是精诚合作,在互利共赢的基础上开展深入的全方位合作。但是,我们对这个神秘的中亚国度究竟有多少了解呢?在这片古老的中亚绿洲上曾经出现过哪些政权?强大的帖木儿帝国为何最终会衰落？乌兹别克民族到底是在什么时候、在哪些因素推动下最终形成的？沙皇俄国是怎么征服中亚诸国的？乌兹别克苏维埃社会主义共和国的建立是否标志着它已经成为一个独立的现代民族国家了？在苏联解体危机影响下，乌兹别克政府是如何排除万难开启自己的全新历史篇章的？独立之后的乌兹别克斯坦在政治、经济、外交、教育、语言政策、民生保障、旅游开发等方面都遇到了哪些挑战，抓住了哪些机遇？乌兹别克斯坦与中国的关系如何？它是如何看待"一带一路"倡议的？在这个倡议下中乌两国已经开展了哪些合作，取得了什么成效，未来又将把重点放在何处？乌兹别克斯坦与浙江有无交往，有没有亮眼的合作成果？

　　本书将带领读者，从历史出发，着眼于现实，聚焦"一带一路"下的中乌友谊和浙乌合作，展现一个立体丰富的乌兹别克斯坦。

上篇

古丝绸之路上的文明国度

更迭交错的中亚绿洲古国

　　乌兹别克斯坦历史悠久,从公元前 11 世纪出现奴隶制国家至今,它已经走过了长达几千年的漫漫历程。费尔干纳盆地、撒马尔罕地区以及拜孙山和泽拉夫尚河谷分布的一些住址遗址及发掘出来的劳动工具可以证实,在这块土地上,从旧石器时代开始就有人类活动存在。从中石器时代慢慢过渡到新石器时代,当地人们逐渐开始使用陶器,这对于当地人类文化的发展有着重要的意义。这时开始出现家庭,并渐渐形成了早期的小型经济组织。人们择水而居,用黏土盖房,在中亚南部形成了有一定规模的聚居区,畜牧业、锄耕业开始出现。到了青铜器时代,狩猎和捕鱼逐渐为饲养家畜所代替,人类的基本经济活动变为养畜与农耕。① 在青铜器时代晚期,农耕灌溉已经在今乌兹别克斯坦所在的区域普及,这为该地以后几个世纪的农业发展打下了基础。也正是在这个时候,部落之间出现了以物易物的早期贸易,这是当地阶级关系的最初萌芽,奴隶制国家呼之欲出。公元前 10 世纪以后,巴克特里亚、粟特、花剌子模地区陆续出现了结构复杂、规模宏大的灌溉渠,它们的出现反映了当时上述绿洲已经开始存在某种形式的政权。波斯人和希腊人的统治加速了中亚地区独立国家的形成,巴克特里

---

　　① 孙壮志、苏畅、吴宏伟:《乌兹别克斯坦》,社会科学文献出版社 2016 年版,第 34 页。

亚、花剌子模和粟特等地出现了乌兹别克斯坦历史上最古老的国家。

巴克特里亚是古希腊人对现今兴都库什山以北的阿姆河中上游流域地区的称呼。在公元前 6 世纪后期,巴克特里亚成为波斯帝国的一个行省,此后希腊人又在此建立了王朝,其统治一直持续到公元 1 世纪上半叶。① 由于此前在巴克特里亚地区可能已经存在着政权较为集中的国家,因此在波斯帝国征服中亚期间,这里成了其入侵和统治的巨大障碍,国王居鲁士二世亲自参与了征讨巴克特里亚的战争。公元前 545—前 539 年间,居鲁士二世最终攻下了巴克特里亚,随后马尔吉亚那和粟特投降。这样一来,中亚大部分地区就被纳入了波斯帝国的行政管理体系,巴克特里亚也随之成了帝国统治下的一大行省。在公元前 4 世纪亚历山大东征中亚前夕,巴克特里亚摆脱了波斯人的统治,波斯太守企图在此建立自治政权,但是希腊人的征服使他未能成功。

亚历山大的东征开始于公元前 334 年春。在 3 年的时间里,亚历山大通过格拉尼卡斯、伊萨斯和高加米拉三大战役打败了波斯帝国大流士三世的军队。大流士三世在东逃的过程中遭到部下叛变,最终伤重而死,标志着历时两个多世纪的波斯帝国灭亡。巴克特里亚郡太守柏萨斯以最高首领的身份在巴克特里亚实施统治。获悉这一情况的亚历山大加速了东征步伐。公元前 329 年初,亚历山大开始征伐巴克特里亚。柏萨斯组织抵抗,试图阻拦希腊军队前进,粟特太守也赶来支持。然而,柏萨斯实际上对这场战争毫无信心,弃城而逃,亚历山大

---

① 蓝琪、苏立公、黄红:《中亚史·第一卷》,蓝琪主编:《中亚史》,商务印书馆 2020 年版,第 142 页。

不战而取巴克特里亚,随后快速占领了整个巴克特里亚地区,并进入了粟特。获得大捷的亚历山大继续率军南下,但最终由于士兵的厌战情绪放弃了继续征战的企图。然而,这位在短短9年东征期间建立起了一个地跨欧亚非三洲大帝国的非凡君主,却不幸在回国途中病故。亚历山大死后,亚历山大帝国也随之瓦解,各地方政权各自为政,反叛不断,将领们开始了瓜分帝国的战争。在这场战争中,亚历山大的部将、巴比伦总督塞琉古·尼卡托成了赢家。早在亚历山大征服粟特地区以后,他就把当地贵族斯皮塔米尼斯的女儿阿帕马嫁给塞琉古·尼卡托。公元前312年,塞琉古在西亚建立了塞琉古王朝,随后他远征中亚。巴克特里亚的希腊殖民者和雇佣军没有抵抗就归顺了塞琉古,从此巴克特里亚成了塞琉古王朝补充兵员和粮食的后方基地。但是在塞琉古之孙安条克二世统治期间,巴克特里亚表现出了强烈的独立倾向。这里的希腊移民和本地的巴克特里亚部族一起进行了反对塞琉古王朝统治的斗争,最终以巴克特里亚为中心,在兴都库什山以北包括粟特在内的河中地区建立了独立的希腊—巴克特里亚王国,中国史籍称之为"大夏"。①

希腊—巴克特里亚王国存在了100多年,在立国之初,它并未完全脱离塞琉古王朝,而是承认了塞琉古王朝的宗主国地位。公元前230年,粟特总督攸提德谟斯发动政变,自己称王,希腊—巴克特里亚王国才彻底摆脱了与塞琉古王朝的臣属关系。在攸提德谟斯统治前期,塞琉古王朝仍率领大军攻打巴克特里亚,企图重新征服东部诸省,两军陷入僵持,最后以谈判的

①　蓝琪、苏立公、黄红:《中亚史·第一卷》,蓝琪主编:《中亚史》,商务印书馆2020年版,第149页。

方式订立和约。在公元前 3 世纪末至公元前 2 世纪初,希腊—巴克特里亚王国达到鼎盛,政治昌盛,手工业、农业、商业、城市建设都得到了发展,铸造了钱币,发展了国际贸易,与世界各国的交往还促进了交通的建设,成了古丝绸之路的南部分支。而正是出于对贸易的重视,希腊—巴克特里亚王国的统治者积极寻求出海口,史料记载,他们的势力曾抵达阿拉伯海。在征服了印度西北部的大片土地以后,攸提德谟斯一世之子德米特里便长期驻扎在那里,而这导致巴克特里亚本土发生了政变。攸克拉提德斯夺取了政权,重新投靠了塞琉古王朝。在他统治期间,希腊—巴克特里亚王国受到了来自印度、帕提亚以及北部边境地区游牧民的威胁,但尽管如此,这一时期的希腊—巴克特里亚王国仍然十分繁荣。这一点可以从当时发行的攸克拉提德斯纪年钱币和宏伟的艾哈农城宫殿反映出来。艾哈农城建在灌溉便利、农耕条件优越的平原上,有坚固的城墙,墙体辅以矩形塔楼,城区分为东、西两部分。考古发现,东城区有高约 60 米的卫城,在此遗址上发现了墓地、兵器库和剧场的遗迹。西城区是总面积大约 270 万平方米的居民区,有城墙环绕,西南部有面积大约 9000 平方米的宫殿区,在此发现了广场、官署、宅邸等建筑的遗迹。在宫殿的东、南、北三面分别建造了神庙、体育馆和贵族住宅区。在贵族住宅区内,有带庭院或花园的大房子。[①] 但是由于攸克拉提德斯在国内推行希腊化政策,轻视巴克特里亚本地民族,引起了很多人的不满,最后王国在内乱中走向衰落直至灭亡,希腊人在中亚的统治也就随之逐渐结束了。

---

① 蓝琪、苏立公、黄红:《中亚史·第一卷》,蓝琪主编:《中亚史》,商务印书馆 2020 年版,第 154 页。

在希腊—巴克特里亚王国分裂之后大月氏国建立政权,该王国并没有中央集权和统一的政府,而是以部落的形式分散管理,疆域在巴克特里亚的北部(今乌兹别克斯坦的苏尔汉河州和塔吉克斯坦南部)。100多年之后,大月氏人逐渐从游牧转为定居和农耕,国家开始安定富足,原先散落的政权合并为一个,即强大的贵霜帝国。贵霜帝国与当时的罗马帝国和中国汉朝一样,是一个实力雄厚的大国,成为丝绸之路上的重要节点。如今乌兹别克斯坦的重要军事通道铁尔梅兹,曾是贵霜帝国的商业和文化中心。然而,因受波斯萨珊王朝和印度笈多王朝的多次进攻,贵霜帝国在极盛之后也逐渐走向衰落,直到灭亡。在今乌兹别克斯坦的北部地区,曾存在过一个古国,名叫康居国,它是由游牧和半定居的康居部落建立的,占据了两河流域、塔什干绿洲和塔拉斯谷地,在公元前1世纪时还占领了花剌子模和粟特。由于丝绸之路途经康居国,因此该国当时的经贸与文化发展很迅速,并留下了许多文化遗迹。康居国延续了几乎7个世纪,直到5世纪才因白匈奴游牧部落的入侵而灭亡。6世纪,中亚的一些游牧民族建立了突厥汗国,迅速占领了两河流域。后来,汗国分裂为西突厥汗国和东突厥汗国,现今的乌兹别克斯坦在历史上位于西突厥汗国属地。在这一时期,当地的经济、手工艺和建筑都有所发展。中亚两河流域的各个地区开始开采黄金、白银和宝石,居民广泛种植棉花、葡萄等农作物,费尔干纳成为葡萄酒的著名产地。公元657年,唐朝平定西突厥,设置昆陵都护府、濛池都护府等管理机构。

犹如中东的幼发拉底河、底格里斯河,中国的黄河、长江一样,流向咸海的阿姆河和锡尔河是中亚的"两河"。锡尔河左岸以南、阿姆河右岸以北,中国古籍称之为"河中",即今天乌兹别克斯坦一带。与其他两河地区相比,中亚的两河流域,没有形成具有世界影响力的文明。这里是亚欧大陆腹心,却是众多文明的边缘,它扮演的角色不是摇篮,而是走廊、客厅、枢纽、中转站,波斯、希腊、突厥等都曾在这里驻足。而与其他两河地区更为不同的是,中亚的"河中地区"不光有农耕文明,更孕育了一个赫赫有名的商业族群——粟特人。

粟特一名最早出现在古波斯铭文中,在中国史书中根据音译记为粟特或索格底亚那。粟特最早的城市建于公元前 7 世纪,之后成为波斯帝国的属地,又相继处于亚历山大帝国、塞琉古王朝、希腊—巴克特里亚王国、康居国、贵霜帝国、嚈哒汗国、西突厥汗国的统治之下。粟特的地理位置大致在阿姆河以北、锡尔河以南、费尔干纳以西、花刺子模以东的地方,其中最繁荣的地区是泽拉夫尚河流域。在 6 世纪初期,也就是中国南北朝时期,粟特人在泽拉夫尚河及周围地区建立了康国(Samarqand)、安国(Bukhara)、米国(Maimargh)、曹国(Khebud)、石国(Chach)、何国(Koshand)、史国(Kesh)等城邦国。这些国家的国王均以昭武为姓,因此汉文典籍中将它们统称为昭武九姓国,也有的称其为九姓胡或粟特胡。在昭武九姓国中,康国最大,是其他昭武国家的宗主,其地理位置在今乌兹别克斯坦撒马尔罕一带。《大唐西域记》记载,康国"周千六七百里,东西长南北狭。国大都城,周二十余里,极险固多居人。异方宝货多聚此国,土地沃壤稼穑备植,林树蓊郁花果滋茂,多出善马。机巧之技特工诸国,气序和畅风俗猛烈。"[1]史书记载,发动"安史之乱"的安禄山的生父就是康国人,特别擅长经商,但不幸早逝,安禄山的母亲才改嫁安国人。安国位于泽拉夫尚

---

[1]　蓝琪、苏立公、黄红:《中亚史·第一卷》,蓝琪主编:《中亚史》,商务印书馆 2020 年版,第 347 页。

河下游布哈拉绿洲地区,以布哈拉城为中心建立,臣属于康国。在康国东北的是石国,位于今塔什干一带,唐宋时期著名的柘枝舞就来自石国。

由于粟特地区处于中亚西部丝绸之路的干线上,从中国的东汉时期直至宋代,粟特人通过漫长的丝绸之路频繁往来于中亚与中国之间,成为中世纪东西方贸易的承担者,也被誉为"古丝绸之路上的犹太人"。他们在丝绸之路上经商或出使时均以昭武九姓国的国名为姓,慢慢地,许多粟特人定居在了中原,也使得昭武九姓融入了中原百家姓。

唐三彩粟特人像

粟特人很早就以商人身份出现在历史舞台上,《资治通鉴》中记载,粟特人"善商贾,争分铢之利。男子年二十,即远之旁国,来适中夏,利之所在,无所不到"。由此可知,粟特地区的居民多以经商为业,且善于长途贸易。粟特商人给中国带来的商品品类繁多,如美玉、玛瑙、珍珠等价值不菲的珍宝都是当时粟特人常用来交易的物品。粟特人还带来了很多当时中原地区没有的稀罕物,我们今天吃的石榴就是从中亚地区的安国和石国传入的,当时被称为安石榴。康国还曾进贡过一种产于撒马尔罕地区的金色大桃子,史料记载,"康国献黄桃,大如鹅卵,其色黄金,亦呼为金桃"。在这之后,康国金桃就成了唐代舶来品的代名词,美国博物学家谢弗专门以《撒马尔罕的金桃》为名著书研究唐代的舶来品。家畜也是粟特商人出售的主要商品,在中国史书《后汉书·西域传》中有记载:"(粟特)出名马牛羊。"粟特人还会开展以畜易绢的互市活动。而粟特人最中意的中国商品就是丝绸,他们会将购入的中国丝绸再转售到西方。在6世纪,中国的丝织业就开始为西方市场专门生产具有西方图案的织锦,这也在一定程度上促进了东西方经济文化的交流。

粟特人普遍具有较高的文化艺术水平,在绘画、音乐、舞蹈等方面都出过不少名家。北齐粟特画家曹仲达"湿衣贴体"的画风很有名,其与"画圣"吴道子齐名,对于两人的绘画风格,后人有"吴带当风,曹衣出水"之称。在音乐方面,唐初艺坛有一位来自粟特何国的音乐艺术家,名叫何满子,据说他会使用新奇的重叠演唱技法,具有十分悠扬婉转的感人效果。虽然何满子的词曲作品并没有被保留下来,但其出色的演唱才能可以从唐代著名诗人元稹的《何满子歌》和白居易的《听歌六绝句·何满子》中可见一斑。"何满能歌能宛转,天宝年中世称罕","一曲四调歌八叠,从头便是断肠声",这些诗句都给后人留下了无限的想象。在舞蹈方面,胡旋舞、柘枝舞、胡腾舞都是当时非常受中原贵族和百姓喜爱的舞蹈。胡旋舞以旋转快速、动作刚劲著称。安禄山作为粟特的后裔,便是跳胡旋舞的高手,史书记载,他"作胡旋舞帝前,乃疾如风"。白居易在自己的诗作《胡旋女》中也写道:"左旋右转不知疲,千匝万周无已时。""中有太真外禄山,二人最道能胡旋。"太真就是杨贵妃。这些诗句不仅描绘出了胡旋舞的舞姿,也说明了这种舞蹈在当时的风靡程度。胡腾舞与胡旋舞的区别在于,胡腾舞的动作以蹲、踏、跳、腾为主,舞者反手叉腰,首足如弓,倏然腾起,而又颇作醉态。唐代诗人李端有诗《胡腾儿》云:"醉却东倾又西倒,双靴柔弱满灯前。环行急蹴皆应节,反手叉腰如却月。"

就这样,在漫长的千年历史中,古老的乌兹别克斯坦土地上先后出现了多个绿洲古国,它们虽然受不同的君主管辖,不断地更迭交替,却都推动了当地经济、文化、社会的全面发展,为今后的统一和稳定奠定了基础。而善于经商的粟特人,也为古丝绸之路的繁荣、中西文化的交流做出了自己的贡献。

强大的帖木儿帝国

从 7 世纪开始,富饶的粟特地区成为阿拉伯人的入侵目标。阿拉伯人的故乡在阿拉伯半岛,那里气候干燥,雨量稀少,除少数地区适于放牧和农耕外,绝大部分地区为沙漠和半沙漠。因此,据说早在征服伊朗高原之时,阿拉伯人就把征服玛维兰纳赫尔确定为下一个目标。玛维兰纳赫尔在阿拉伯语中是"河那边的地方"的意思,指的就是阿姆河以东和以北的地区,也就是中国典籍中所称的"河中"。尽管征服中亚河中地区是阿拉伯人早期的愿望,但是在倭马亚王朝统治初期,阿拉伯人并没有对该地区发动大规模的战争,而只是进行一些以掠夺战利品为目标的小规模骚扰行动,以满足他们的经济需要。到了 8 世纪初,阿拉伯著名将领屈底波被瓦立德一世任命为呼罗珊总督,进军河中地区。他以木鹿(大致相当于今土库曼斯坦城市马雷)为基地,在中亚征战初期颇为顺利,先后攻占吐火罗、花剌子模和昭武九姓中的安国(布哈拉)、康国(撒马尔罕)、石国(塔什干)等地。但是不久后,后突厥汗国默啜可汗遣军西进,夺取了除阿姆河之外几乎所有的河中地区,阿拉伯军仅保有撒马尔罕。714 年,屈底波再度起兵东征,可以说,现今乌兹别克斯坦所在地区的大部分领土都被阿拉伯人占领了,成为阿拉伯帝国的一部分。屈底波以在中亚地区强力推行伊斯兰教而闻名,对中亚地区文化发展影响甚巨。然而,阿拉伯人的占领遭到了激烈反抗。其中最重要的一次抗击是由中亚民族联合起来的"白衣人"运动,他们不但抗击入侵者,还暗杀亲阿拉伯人的中亚人。"白衣人"运动持续了10年,极大地撼动了阿拉伯人在中亚的统治。

阿拉伯人的入侵一方面对当地的经济造成了一定程度的破坏,但在另一方面也对中亚封建关系的形成和发展起了很大的促进作用。当时阿拉伯帝国任命波斯官员为被征服地区的代理人,波斯人萨曼家族奉命管理玛维兰纳赫尔各城,包括撒马尔罕、费尔干纳、塔什干和赫拉特。9世纪初,阿拉伯哈里发在中亚的统治濒临瓦解,萨曼家族开始在河中地区发展自己的势力,逐步将散落的城邦国家统一起来。9世纪末,萨曼王朝最终建成,地域范围为西起里海沿岸,东至锡尔河畔,囊括了现今的乌兹别克斯坦、土库曼斯坦、塔吉克斯坦、吉尔吉斯斯坦、哈萨克斯坦、伊朗、阿富汗等地,而今乌兹别克斯坦所在的河中地区无疑是当时王朝内最为发达的地区。这是在玛维兰纳赫尔建立的第一个中央集权的封建国家,其成就非凡,建立了在合理税收基础上的新经济,文化生活得到前所未有的提高。布哈拉、巴尔赫、撒马尔罕、乌尔根奇等城市获得了当时世界科学和文化中心的地位,在那里修建了清真寺和宗教学校,以及大量具有民族特色的建筑,出现了许多哲学家。首都布哈拉有规模宏大的图书馆,藏书丰富,对于培养人才和繁荣学术起到了巨大的作用。商业也快速发展,撒马尔罕的纸张、玻璃、皮革、纺织品、丝绸、毛料都广受欢迎。

公元999年,喀喇汗王朝入侵萨曼王朝,夺取了萨曼王朝在撒马尔罕和布哈拉的统治地位,萨曼王朝灭亡。至此,喀喇汗王朝的统治疆域也扩大了,除了塔里木盆地南缘及伊犁河流域、七河地区外,还包括费尔干纳盆地和河中地区。而当时与喀喇汗王朝同时存在的还有伽色尼王朝、塞尔柱帝国,它们继承了萨曼王朝的军事、制度、文化以及版图。12 世纪中叶,以玉龙杰赤为发祥地的花剌子模国开始强盛。在历经两代人的扩张之后,13 世纪初,花剌子模国逐渐占领了包括河中地区、呼罗珊、赫拉特在内的大片领土,成了亚洲大国。但是花剌子模国内部斗争十分激烈,因而削弱了国家的统治。1219 年,蒙古军队在成吉思汗的率领下攻占花剌子模,到 1221 年,包括河中地区在内的中亚领土都被蒙古帝国占领了。1227 年成吉思汗死后,当时的蒙古统治者任命穆斯林商人作为管理河中地区的代理人,强迫居民缴纳繁重的赋税。人民不断起义,导致政权极不稳定,到 14 世纪 40 年代,察合台汗国实际上已经分裂成许多相互竞争的小领地。统一这些零散领地的就是帖木儿,正是他建立了强大的帖木儿帝国。

帖木儿画像

　　帖木儿家族出自蒙古部落巴鲁刺思部。13 世纪初,巴鲁刺
思部首领跟随成吉思汗西征来到中亚,后归于察合台部下。帖
木儿于 1336 年出生在霍贾·伊利加勒(今乌兹别克斯坦沙赫
里萨布兹附近),他在青少年时期就善战好斗、热衷军事,曾跟
随父亲多次参加派系之间的斗争。由于帖木儿勇敢、有主见,
许多年轻人都愿意服从他的领导,他也常常带领自己的伙伴去
侵占别人的土地,抢劫商队。当时统治中亚的蒙古汗托格卢克
因要回蒙古,便把河中地区的管理权交给了年仅 25 岁的帖木
儿。① 但是很快托格卢克又派自己的儿子来接替帖木儿,这让
帖木儿很不愉快,他拒不交出管理权,并宣布自治。另一位有
影响力的部落首领侯赛因支持帖木儿的做法,他们于 1361 年
结成了反对蒙古汗国的联盟。不久,在一次战斗中,帖木儿的
右手和右腿严重受伤,右手逐渐萎缩,右腿很快就瘸了,一生都
没有治好,因此他也被称为跛足帖木儿。托格卢克死后,其子
带兵进攻帖木儿和侯赛因的领地,将他们赶到了南方阿姆河的
对岸。但蒙古军队在进攻撒马尔罕时遭到了当地居民的抵抗,
损失惨重,被迫撤回蒙古。1366 年,帖木儿和侯赛因占领了撒
马尔罕,后来撒马尔罕成了帖木儿帝国的首都,直到现在,那里
的一切都似乎还在向人们诉说这位古代王者的故事。随后,帖
木儿和侯赛因开始走向分裂,最终帖木儿利用自己强大的势力
消灭了侯赛因,成为河中地区的最高统治者,建立了自己的
政权。

　　在自己的领地上站稳脚跟之后,帖木儿便开始了他宏伟的
征服计划。他先是占领了花刺子模地区富饶的乌尔根奇城,随

---

　　①　孙壮志、苏畅、吴宏伟:《乌兹别克斯坦》,社会科学文献出版社
2016 年版,第 38 页。

后攻破了金帐汗国的首都萨拉伊·别尔克,焚烧了整个城市,掠夺了大量物资和不计其数的战俘,其中包括很多妇女和儿童,他们都沦为帖木儿的奴隶。在通向欧洲的道路被打通之后,帖木儿帝国的疆土延伸到了北高加索和伏尔加河下游流域。在征服北方的同时,帖木儿开始向南进攻。伊朗当时也处于分裂割据的状态,因此1381年帖木儿轻而易举地占领了伊朗中心城市格拉特,至1399年征服伊朗全境。在这个时期,帖木儿表现出十分残忍的一面,他指挥军队滥杀无辜,抢劫居民财产。1387年占领伊斯法汉城之后,帖木儿命令每个官兵都要上缴一定数量的人头,很快,帖木儿面前堆起了一个由7万颗人头组成的人头塔。1392年,帖木儿占领亚美尼亚和格鲁吉亚,1397年占领阿塞拜疆。1398—1399年,帖木儿远征印度,占领德里,掠夺了大量财富。就这样,到14世纪下半期,帖木儿帝国达到鼎盛时期,占领了东到黑海、西到恒河、北到咸海、南到阿拉伯沙漠的广袤土地。1400年开始,帖木儿进攻奥斯曼,帖木儿帝国的势力范围又扩大到了君士坦丁堡(今伊斯坦布尔)。帖木儿还准备远征中国,1404年他率领20万大军上路,1405年初帖木儿病死在了半路上,进军中国的计划也随之搁浅。帖木儿去世之后,帝国就发生了子孙争位的斗争,先后有多人继位。在他们统治期间,帖木儿帝国虽然表面上维持着统一,但实际上已经分崩离析,最后分裂成东、西两部分。1500年和1507年,东、西帖木儿帝国陆续被乌兹别克人消灭。

帖木儿时期虽然国家发展的重心是军事征服,但通过从各地掠夺财富,帝国在经济上盛极一时,特别是撒马尔罕等城市得到快速发展,当时许多宏伟的建筑保留至今。在统治者的鼓励下,手工业和商业也逐步繁荣起来,贸易活动非常活跃。在这一时期,帖木儿帝国的文化、艺术和科学也同样取得了辉煌的成就,特别是在帖木儿的孙子兀鲁伯统治时期,都城撒马尔罕已经是当时中亚文学、音乐、手工业、建筑艺术的中心。

撒马尔罕的雷吉斯坦广场

乌兹别克民族的最终形成

　　乌兹别克族发源于中亚。在原始社会解体和奴隶制国家出现之后,在乌兹别克族先民活动的领域——河中地区及七河地区先后出现了几个奴隶制国家,如希腊—巴克特里亚王国、贵霜帝国、花剌子模国等,这些奴隶制国家的居民分别被称为巴克特里亚人、贵霜人、花剌子模人等。但实际上,这些民族大多是先后从世界其他各地迁徙进入中亚地区的游牧民族,而非中亚的土著民族。进入中亚之后,他们与当地原生居民交错杂居,在新的家园繁衍生息,代代流传,而当地居民也不断地与操伊朗语族和突厥语族语言的居民接近和融合,所以在历经数世之后,这个新的群体已经完全是当地的原住民了。

　　蒙古人是在乌兹别克族形成之前最晚一批大规模进入中亚地区的游牧民,也正是成吉思汗的军事入侵促进了乌兹别克民族的形成。在蒙古人统治中亚地区期间,成吉思汗将领地分封给自己的子孙,乌兹别克人是其长子术赤所在的金帐汗国的游牧民族,他们在锡尔河和咸海以北的中亚草原地区过着游牧生活。术赤家族所在的金帐汗国面向欧洲,在与异文化旷日持久的接触中最终实现了相互融合,这也导致了术赤汗的后裔在民族性格上逐渐与蒙古族发生异化,最后完全分化出来。

　　15世纪上半叶,金帐汗国衰落了,蒙古部落纷纷脱离金帐汗国,在欧亚草原上建立自己的小汗国,如乌兹别克汗国、喀山汗国、阿斯塔拉罕汗国、诺盖汗国、哈萨克汗国、西伯利亚汗国。

相关史书记载,术赤汗的后裔在乌兹别克汗国的月即别汗(又称乌兹别克汗)之后就再也不以蒙古族自称了。[①] 可以说,这一时期蒙古族的分化直接导致了乌兹别克族的兴起,这也正是其族名的最初由来,而蒙古族自然也是乌兹别克族最为重要的族源之一。乌兹别克汗是一位虔诚的穆斯林,他精通政务,而且知人善任、赏罚分明,在汗国内极力推行伊斯兰教。乌兹别克汗借助自己的统治地位,采取了一系列政策,逐渐打破了各族体之间的壁垒,使人们有了更广泛更密切的接触,出现了族群的融合,乌兹别克族雏形产生。乌兹别克从此成为一个族群的名称。

身着民族服饰的乌兹别克斯坦青年

15 世纪后期,帖木儿帝国衰落了,中亚北部的各部落企图

---

① 解志伟:《试论乌兹别克族的民族形成过程》,《三峡论坛》(理论版)2012 年第 3 期,第 78—82、149 页。

瓜分帖木儿帝国的遗产,其中也包括阿布海尔汗统治下的乌兹别克人。1500年,乌兹别克人在阿布海尔孙子昔班尼的率领下攻占河中地区,消灭了帖木儿王朝,建立昔班尼王朝。至此,中亚近代文明进程得以开启。乌兹别克人也进一步融合当地原有居民,包括古代粟特人和花剌子模人的后代、部分塔吉克人和以前来到中亚的操突厥语族语言的各部落,形成了一个新的以定居农业为主的乌兹别克民族。但是在这之后,中亚再也没有出现强大而统一的国家,而是形成了由乌兹别克人统治的中亚"三大汗国"——布哈拉汗国、希瓦汗国和浩罕汗国。

布哈拉汗国

昔班尼王朝是布哈拉汗国历史上的第一个王朝,其首都最初在撒马尔罕,后来迁到布哈拉城。此后,布哈拉城又继续作为布哈拉汗国后两个乌兹别克人王朝——扎尼王朝和曼格特王朝的都城。昔班尼汗在乌兹别克民族的历史上是一个重要的人物,他是成吉思汗长子的后裔。他于1499年统一了乌兹别克诸部,在中亚地区的逊尼派支持下进入中亚河中地区,并在1500年最终夺取撒马尔罕,建立了昔班尼王朝。昔班尼死后,他的侄子乌拜杜拉汗继位。1533年,王朝迁都布哈拉,史称布哈拉汗国,领土范围包括河中地区、呼罗珊和花剌子模等地。昔班尼王朝建立以后,基本沿袭了帖木儿王朝时期的制度文明,同时推动了经济和社会的发展,延续了欧亚陆路贸易的繁荣。可以说,布哈拉汗国的建立标志着中亚近代史的开端,其经济发展牵动着整个中亚近代文明的发展脉络。

在15世纪之前,河中地区的农牧经济一直发展良好,但是在16世纪布哈拉汗国的农牧经济经历了艰难而曲折的发展过程。在汗国建立初期,进入河中地区的乌兹别克游牧民大肆劫掠,变耕地为牧场,破坏灌溉设施,阻碍了当地农业经济的发展,撒马尔罕周边曾经花木繁盛的果园几乎变为废墟。此外,16世纪初,汗国局势动荡,对外征战不断,加之赋税劳役繁重,导致土地荒废,农民破产,许多地方发生饥荒。可以说,在昔班尼王朝统治初期,河中地区的农业经济遭到严重破坏,民众生活艰难,政权统治面临严重危机。

尽管如此,河中地区的农业很快得到了恢复和发展,其主要原因如下:第一,严峻的国内形势迫使统治者转变观念,意识到发展农耕经济的重要性。1512—1513年,乌拜杜拉汗率军将巴布尔赶出河中地区,恢复了乌兹别克人的统治。汗国统治者开始意识到,河中地区的地形和气候条件适宜发展农业而非畜牧业,况且这一地区的农业发展历史悠久。另外,发展农业不仅可以为手工业和贸易提供原料,而且能为汗国增加税收、充实国库,进而为对外战争和扩张领土奠定基础。第二,统治者重视水利修缮工作。中亚气候干旱,降雨稀少,生态环境脆弱,农业主要分布在沿河流域和绿洲地带,以灌溉农业为主。因此,汗国统治者重视灌溉设施的修缮工作,促进了汗国灌溉农业的恢复和发展。第三,乌兹别克人从游牧向定居生活的过渡加快了农业经济的发展。昔班尼王朝建立以前,河中地区大部分操突厥语的民族已经转向了定居生活,这为乌兹别克人融入当地的农耕生活奠定了基础。由于牧场的缺乏,乌兹别克人开始向当地居民学习农耕技术,从事农业生产。由此,河中地区农业种植的规模迅速扩大。

因此,昔班尼王朝的建立和统治并未摧毁河中地区有着上千年历史的农耕文化。16世纪,汗国的农产品种类很多,且以粮食作物为主。此外,得益于适宜的气候条件,果树栽培也成为当地的特色经济。汗国的葡萄栽培技术比较发达,葡萄不仅用来制作葡萄酒、糖浆和醋,也制成葡萄干出口国外。16世纪下半叶伊始,汗国的干果已经成为出口俄国的重要商品。此外,16世纪,汗国的经济作物以棉花为主。除山区以外,汗国其他地区均可种植棉花,这一时期汗国生产的棉织品基本出口到俄国市场。由于乌兹别克人的加入,这一时期汗国的畜牧业所占比重明显提高。如前所述,河中地区的牧场相对有限,其主要分布在泽拉夫尚河谷地和阿姆河流域,放养的牲畜有肥尾羊、双峰驼和马等。因此,畜牧业在16世纪汗国的经济体系中仍占据重要地位。

综上所述,汗国的农牧经济在整个16世纪得到了恢复和发展,尤其是传统的农业经济。纵观历史,从阿拉伯人的占领到蒙古人的征服,再到乌兹别克人的南下,河中地区始终都是游牧文明与农耕文明频繁交往的地区,其物质文明呈现出多样性和包容性。作为物质文明的核心内容,16世纪汗国农牧经济的恢复和发展不仅巩固了昔班尼王朝的统治,更促进了河中地区手工业和贸易的发展。

手工业的专业化发展对汗国的经济和文化复兴产生了重要影响,刺激了集市贸易的繁荣,带动了布哈拉城的迅速发展。由于首都迁至布哈拉,汗国统治者更加重视布哈拉城的建设。昔班尼汗和阿布杜拉汗效仿帖木儿的做法,在夺取呼罗珊和花剌子模以后,在当地掳掠了大量手工业者并将其送往布哈拉城。经过乌拜杜拉汗和阿布杜拉汗的扩建和治理,布哈拉

乌兹别克斯坦传统工艺品

城的规模急剧扩大,手工业和贸易迅速发展。到 16 世纪 80 年代,它一跃超过撒马尔罕成为汗国的经济中心。自此,布哈拉成为汗国真正意义上的中心城市,并在整个近代中亚文明交流中发挥了举足轻重的作用。

在对外贸易方面,汗国也始终力求维持与周边地区的传统贸易往来。布哈拉城每年举行一次商人代表大会,邀请来自俄国、印度、波斯、哈萨克草原等周边国家和地区的商队参加。与此同时,汗国商队也前往印度、波斯、哈萨克草原、西伯利亚等地进行贸易。16 世纪时,每年经呼罗珊和波斯抵达中亚的印度驼队近 14000 支,而在 15 世纪以前从未超过 3000 支。① 自 16 世纪开始,波斯与汗国之间的教派冲突导致战争不断,这在一定程度上影响了双方的贸易关系。然而,自古以来呼罗珊与河中地区的经济联系较为紧密,尤其在帖木儿王朝的沙哈鲁定都赫拉特以后,整个中亚的经济重心转向呼罗珊地区。因此,16世纪的汗国仍与波斯维持贸易往来。自 16 世纪下半叶起,河中地区与哈萨克草原的贸易逐渐恢复,汗国与中国也重启途经七河地区的贸易关系。虽然在 16 世纪海上贸易开始取代陆路贸易并逐渐走向繁荣,但作为陆上丝绸之路的核心地带,布哈拉汗国仍以周边地区为中心积极发展对外贸易,布哈拉商人依旧活跃在欧亚大陆的贸易圈当中。

希瓦汗国

16 世纪初,乌兹别克人在花剌子模绿洲建立了自己的政权——希瓦汗国,它统治花剌子模绿洲 400 多年,疆域北至咸

---

① 黄民兴、康丽娜:《文明交往视阈下 16 世纪布哈拉汗国的经济发展》,《史学集刊》2021 年第 2 期,第 118—130 页。

海,南达呼罗珊北部,东以克孜勒库姆沙漠与河中地区的布哈拉汗国相邻,西至里海东岸。15 世纪末期,花剌子模绿洲是帖木儿帝国呼罗珊统治者忽辛·拜哈拉的属地。昔班尼建立布哈拉汗国之后,率领乌兹别克人攻占了花剌子模绿洲的重要城市乌尔根奇,并在此派驻官员。1510 年,昔班尼汗在与波斯萨法维王朝的战争中阵亡,布哈拉汗国驻乌尔根奇的长官弃城而逃,其地被波斯萨法维王朝占领。波斯沙赫①伊斯玛仪派 3 位官员到花剌子模绿洲,管理乌尔根奇和维泽尔城。波斯人信仰伊斯兰教什叶派,而花剌子模绿洲居民信仰的是逊尼派,由于宗教信仰上的冲突,花剌子模地区的宗教界人士图谋推翻波斯人的统治。他们派人来到钦察草原,将成吉思汗的后裔伊勒巴尔斯和巴勒巴尔斯两兄弟的部众引到花剌子模。结果,维泽尔城的波斯驻军被赶走,花剌子模人在此拥立伊勒巴尔斯为汗,这被看成乌兹别克人在花剌子模立国的开始。乌兹别克人的统治先后经历了两个王朝,即阿拉布沙希王朝(1512—1804)和昆格拉特王朝(1804—1920)。阿拉布沙希王朝最初以维泽尔城和乌尔根奇城为都城,后来把都城迁往花剌子模三角洲的希瓦城,因此,历史上把这两个王朝统称为希瓦汗国。②

希瓦汗国在建立初期经济不发达,干旱草原和沙漠将花剌子模绿洲与河中地区和波斯隔开,希瓦汗国处于相对孤立的状态。加上内战不断,16 世纪的希瓦汗国经济非常落后。17 世纪,希瓦汗国的经济得到发展,其中农业比布哈拉汗国还好。

---

① 沙赫又称沙阿,是波斯语古代皇帝头衔的汉译名,英语为Shah,在中文文献中也可简称为"沙"。

② 蓝琪:《论中亚希瓦汗国》,《史学月刊》2012 年第 12 期,第 86—100 页。

17世纪,希瓦汗国在对原有灌溉渠进行修缮的同时,又建造了一些新灌溉渠。到18世纪末和19世纪上半期,由于扩大和改善农业灌溉系统、种植棉花作物,希瓦汗国的经济得到了发展,其金属制品和陶器受到广泛欢迎。在这个过程中,希瓦汗国的乌兹别克人向定居生活转化的倾向日益明显。然而,希瓦汗国尽管修建了许多灌溉渠,但可耕土地还是不能满足需求。因此,在18世纪中叶以前,大批牧民向定居生活的转化还不可能实现。到19世纪中叶,乌兹别克族牧民转向定居的步伐加快了,花剌子模绿洲的一些城市也因此快速发展起来,但是总体而言,工商业的发展在中亚地区还是相对落后的。

随着工农业的发展,希瓦汗国的内外贸易也繁荣起来。17世纪以后,沿里海与俄国进行的贸易发展起来了,最重要的一条商路通过土库曼—萨洛尔人游牧的曼格什拉克,沿这条道路由俄国输入中亚的商品有皮毛、皮革、呢绒、器皿、金属制品,从中亚输出俄国的是棉织品、丝织品、刀剑、香料。然而,海路的开辟使得中亚对外贸易和过境贸易处于不利的地位,因此希瓦汗国局限于与周边波斯萨法维王朝和沙皇俄国的贸易。17世纪,布哈拉商人到希瓦汗国的贸易可沿陆路和水路进行,尤其是可利用阿姆河。布哈拉和希瓦商人一直充当着中间商的角色,他们主要与哈萨克人、土库曼人和吉尔吉斯人等附近的游牧民进行贸易,游牧民把自己的畜群赶到定居绿洲的边境上,中间商收购后在希瓦汗国市场上转卖。当时希瓦汗国手工业和商业的发展虽然还赶不上布哈拉汗国,但是在一些城市已经出现了织工、陶工、铁匠、珠宝匠、面包师、糖果商等不同种类的手工业者和商人。

浩罕汗国

浩罕汗国是乌兹别克人于18世纪初在费尔干纳盆地建立

的政权。费尔干纳盆地位于锡尔河上游山麓下,这片绿洲自古以来就是定居农耕地区,有许多远古时代建立起来的城市。1494 年,帖木儿的后裔巴布尔继承了费尔干纳的统治权。在这之后,巴布尔利用地区政权之间的斗争,从堂兄手中夺取了撒马尔罕城。1500—1502 年,巴布尔被昔班尼赶出了撒马尔罕,而他自己在费尔干纳的领地也被人占领。于是,巴布尔于 1503 年逃离费尔干纳,投靠了赫拉特统治者忽辛·拜哈拉。1504 年,费尔干纳接受了布哈拉汗国的统治。但是布哈拉汗国在费尔干纳的统治也是极不稳定的,这片领土不断受到东察合台人的威胁。为了确保对费尔干纳的统治,昔班尼于 1509 年杀害了到费尔干纳寻求避难的察合台马哈木汗及其儿子们。1510 年,昔班尼战死,东察合台汗室王子赛义德夺取了费尔干纳。然而,赛义德在费尔干纳的地位也不稳固,在阿布杜拉统一布哈拉汗国的战争中,费尔干纳被重新纳入布哈拉汗国版图。之后,乌兹别克人在此地的统治持续了 200 年,在此期间费尔干纳地区几乎没有自己独立发展的政治史。

17 世纪,札尼王朝继承了费尔干纳盆地的统治权。在最初一个世纪中,札尼王朝确保了其在费尔干纳的统治。然而,在王朝统治后期,由于中央集权的衰落,费尔干纳地区统治者名义上效忠布哈拉汗国,实际上统治权被宗教界的大和卓家族瓜分,这些家族利用宗教势力占据地产、积累财富,势力很大。1709 年,乌兹别克族明格部首领、昔班尼家族后裔沙鲁赫比在察拉克城推翻了宗教上层的统治,建立了自己的政权,他所创建的王朝被称为明格王朝。明格王朝存在了 167 年(1709—1876),第三位统治者在位期间都城迁往新建的浩罕城,于是学

界将明格王朝称为浩罕汗国。① 当时浩罕汗国的统治区主要在
费尔干纳盆地。起初,明格王朝承认布哈拉汗国的宗主权,创
建者沙鲁赫比只取伯克称号,到 1805 年,明格王朝统治者开始
采取汗号。1721 年,沙鲁赫比在费尔干纳统治 10 多年后去世,
长子继承王位之后便开始向外扩张,先后征服了忽毡、吉扎克、
卡塔库尔干、安集延。1740 年,布哈拉汗国被阿夫沙尔王朝统
治者纳迪尔占领,浩罕汗国趁机摆脱与布哈拉汗国的臣属关
系。1758 年,布哈拉汗在接见希瓦汗国使节时一并接见了浩罕
使者,标志着布哈拉汗已经承认了浩罕汗国的独立地位。尽管
如此,布哈拉汗仍希望将费尔干纳盆地重新纳入自己的统治,
因此双方在边界地区还是经常发生战争。

16 世纪不仅是世界近代史的开端,也是中亚历史进程的一
个分水岭。曾经盛极一时的帖木儿帝国在 15 世纪末走向解
体,而位于钦察草原东部的乌兹别克游牧民族逐渐壮大起来。
布哈拉汗国的建立标志着中亚近代史的开端,而随后希瓦汗国
和浩罕汗国的建立和发展都见证了乌兹别克民族的发展,但遗
憾的是,在整个近代,中亚地区始终未能形成一个长期稳定、人
口众多的大国。

---

① 蓝琪、苏立公、黄红:《中亚史·第五卷》,蓝琪主编:《中亚史》,商
务印书馆 2020 年版,第 160 页。

沙俄的征服

在蒙古人用铁骑征服中亚的时候，它们还征服了另一片国土，那就是罗斯。罗斯人把那些统治他们的异族人称为"鞑靼蒙古人"。在被鞑靼蒙古人统治的 300 年里，罗斯人仍然坚持信仰自己的东正教，讲俄语，没有被同化。16 世纪，罗斯终于摆脱了蒙古的统治，以莫斯科公国为中心开始向外扩张。当时莫斯科公国的周边有 4 个汗国，分别是克里米亚汗国、阿斯特拉罕汗国、喀山汗国和西伯利亚汗国。经过几十年的努力，俄国人吞并了喀山汗国、阿斯特拉罕汗国和西伯利亚汗国，而仅存的克里米亚汗国则通过归顺土耳其人来抵抗俄国。这样，到 16 世纪末，俄国西南方直接面对的就是奥斯曼土耳其帝国，而在东南方则触及了中亚草原。18 世纪，俄国与普鲁士、奥地利共同瓜分了波兰。18 世纪下半叶，俄国通过对土耳其的战争将克里米亚纳入自己的版图，获得了出海口。至此，俄国的综合国力达到了鼎盛。但是，1853—1856 年间俄国在克里米亚战争中战败，动摇了它在欧洲的霸主地位，通往欧洲的道路受到了阻碍。于是，俄国便转而将矛头指向东方和南方，中亚地区的国家陆续被俄国征服。而当时在中亚土地上占据着最主要的农业绿洲的便是乌兹别克人建立的 3 个汗国：希瓦、布哈拉和浩罕。

1864 年，俄国统治阶级把征服中亚最大城市塔什干作为最大的目标。塔什干城是位于奇姆肯特城南的一座城市，19 世纪初乌兹别克人占领该城,在此建立了自己的统治。攻占奇姆肯特城之后,俄军试图乘胜追击,一举攻下塔什干。因为塔什干位于布哈拉和浩罕两个汗国的都城之间,占领了它,就可以轻而易举地切断两个汗国之间的交通,使它们无法进行互援。但是浩罕守军奋力反击,导致俄军进攻失败,不得不重新退回奇姆肯特。俄国对塔什干城的进攻引起了欧洲列强的注意,为了安抚欧洲的情绪,俄国外交大臣戈尔恰科夫于 1864 年 11 月 21 日特意向欧洲列强递交了沙皇政府的公告。公告中声称,俄国进入中亚是为了保卫自己的边界而不得不采取的行动。1864 年末,浩罕汗发动进攻,企图收复奇姆肯特城,但是被俄国哥萨克军队打败。1865 年春,俄军军官切尔尼亚耶夫再次带兵对塔什干发起进攻,首先攻占了塔什干城东北的尼亚孜伯克要塞,接着俄军直抵塔什干。浩罕军民、哈萨克人和布哈拉军队联合起来,各方力量共同保卫塔什干,致使入侵的俄军遭到沉重打击。在战斗中,切尔尼亚耶夫注意到浩罕军使用的大炮射程比俄国军队的还远,发射的速度和准确性也比以往有了很大的提高,甚至还使用了大口径炮弹。于是,切尔尼亚耶夫决定暂缓攻城,等待时机。浩罕军民则挖堑壕,采用军事工程中的"反接近壕"战术来守城。但遗憾的是,浩罕人并没有真正掌握这一战术,反而使俄军有机会进攻暴露在堑壕中的浩罕步兵。当浩罕士兵战败后撤回城之时,俄军尾随其后趁机攻入城内,在经过激烈的巷战之后,塔什干最终被俄军攻陷。

塔什干市哈斯特伊玛目广场

　　塔什干战役之后,浩罕失去了对抗俄国的实力和信心。而在这时,布哈拉汗也率军攻入浩罕,把之前被赶走的胡达雅尔汗扶上位,但是他并不想与俄国抗衡,而是为了保住自己的统治,巴结俄国人。俄国也希望通过收买塔什干上层人物的方式来离间浩罕和布哈拉的关系。此外,为了安抚塔什干的民心,切尔尼亚耶夫还发布了《告全市居民书》,宣布:当地居民的信仰和习俗不受侵犯;保证军队不进驻居民住宅和不在当地征兵;废除随意加派的苛捐杂税,塔什干人全部免除各种赋税一年。① 这些措施在很大程度上稳定了塔什干城的局势,塔什干的商人阶层,特别是从事中亚与俄国贸易的商人,都希望能归属俄国,因为在他们看来,中亚的政权只会摧残工商业的发展,

---

　　①　蓝琪、刘丹:《中亚史·第六卷》,蓝琪主编:《中亚史》,商务印书馆 2020 年版,第 24 页。

而俄国显然代表着文明开化。俄国并没有乘胜一举吞并浩罕汗国,最主要的原因是忌惮英国。因为浩罕汗国是英属印度与俄国之间的缓冲地带,英国希望这一缓冲地带能与英国保持友好、与俄国保持敌对。为了不激化与英国的矛盾,俄国决定暂时把目标转向布哈拉汗国。因此,一直到19世纪后期,俄国完成对布哈拉和希瓦两个汗国的征服之后,俄国才再次将力量集中到浩罕汗国。

　　19世纪初期,浩罕汗国实现了领土扩张,但中央集权微弱,汗王的权力并不大。之后,汗国内部出现了割据政权,中央统治阶层内部也经常发生争权夺利的斗争。在19世纪60—70年代,俄国虽然转向征服布哈拉和希瓦,但它还是与浩罕汗国保持着密切联系,双方经常互派使者商谈贸易问题。但其实这些做法都是为了掩人耳目,让人觉得俄国攻下塔什干只是为了获取经济利益,而不会以武力占领浩罕汗国。1868年1月,俄国草拟了与浩罕汗国签订双方自由贸易和关税等问题的条约草案,条约虽明显对俄国人更为有利,但当时在位的胡达雅尔汗最终还是答应了俄国提出的条件。1873年,浩罕汗国爆发了反胡达雅尔汗的暴动,1874年胡达雅尔汗的兄弟发动政变,1875年费尔干纳盆地大多数城市爆发了人民起义,在众叛亲离之下,胡达雅尔汗不得不向俄国求援。俄国派兵镇压,此举激起了浩罕人民的愤怒,他们把对浩罕统治者的仇恨转移到了俄国人身上,全体人民团结起来共同抗击侵略者。汗国军政当权人士也加入了这场战争,这使得最初反对国君残暴统治的群众运动转变成了由国家当权者领导的抗俄入侵的民族运动。但是浩罕军很快就被俄军击溃了,浩罕新汗王纳斯鲁丁决定向俄国求和。俄方要求马尔吉兰、安集延、纳曼干等城归顺俄国,但是这一要求没有得到浩罕汗的响应,于是俄军再次发动进攻,武力占领了马尔吉兰和奥什。在俄军的威慑下,随后安集延、八里克齐、沙赫里汗纳和阿萨克诸城纷纷派人前来表示归顺。1875 年 9 月,俄国与浩罕缔结了条约,规定浩罕汗国被剥夺了外交和军事行动的独立权,将锡尔河右岸和纳伦河流域多地划归俄国,浩罕汗国还对俄国进行经济赔偿,被征服的浩罕地区划为俄国的纳曼干分区。

屈辱条约的签订激起了浩罕人民新的起义浪潮,他们将纳斯鲁丁赶出浩罕城,拥戴伊斯哈克为新汗,以安集延为中心击退了前来镇压的俄国军队。随后,起义军乘胜长驱,一度攻入浩罕城,夺取纳曼干城,但最终不敌俄军,在伤亡惨重的情况下被迫弃城转移,纳曼干城再度被俄军占领。1876 年 1 月,俄军从纳曼干出发,渡纳伦河,沿锡尔河进军,一直打到安集延。俄军炮轰安集延,一周之后占领了安集延,随后攻克了阿萨克,伊斯哈克汗被捕,壮烈牺牲,沙赫里汗纳城和马尔吉兰城的起义军再次在俄军的威慑之下投降。1876 年 2 月,俄国沙皇亚历山大二世在他登基 21 周年的那天,签署了浩罕汗国归并于俄国的敕令,至此浩罕汗国正式灭亡了,成了俄国的费尔干纳省,隶属于突厥斯坦总督区。浩罕汗国的并入使俄国多了一块富饶的土地,更重要的是让俄国有了一个进攻中国和印度的绝佳基地。

在沙俄统治时期,费尔干纳省的经济得到迅速发展。费尔干纳省的重要城市有浩罕城和位于费尔干纳盆地东南部的安集延城等。浩罕城此前一直是浩罕汗国的都城,东与中国新疆通商,北与塔什干贸易,是费尔干纳省最大的商业中心。而安集延城最早建于 9 世纪,一直是当地的手工业和贸易中心。费尔干纳省本就土地丰饶,自从塔什干与俄国本土建立了紧密的贸易关系之后,费尔干纳省就成了俄国的原料产地,主要是棉花生产基地。1884年,费尔干纳省移植美国棉种获得了成功,棉花种植面积大大增加,费尔干纳省成了中亚重要的植棉中心和棉花加工基地。此外,与棉花相关的加工业,如纺织和榨油等手工业也发展起来,为当地居民提供了大量就业机会。费尔干纳省还蕴藏着丰富的矿藏,在沙俄统治时期,俄国及其他西方国家在费尔干纳省建立了采矿、石油、有色金属等企业。

从19世纪90年代起,俄国移民开始逐渐进入费尔干纳省,当地人的土地被没收转交给俄国移民,失去土地的农民还要被迫向银行贷款并向大地主高价承租土地。在这种情况下,费尔干纳省的农民陆续展开了反抗俄国人的斗争,但起义很快就被镇压了。19世纪90年代,中亚反抗俄国殖民统治的运动达到了高潮,奥什、纳曼干、马尔吉兰等地纷纷发动起义,口号是唤起民众、重建汗国。起义最终遭到俄军的镇压,起义军被驱逐到贫瘠地区,他们的土地被分给俄国移民种植棉花。在总结爆发起义的原因时,俄方认为这是由于自征服以来俄国所实行的不干涉政策导致行政管理机构缺乏权力。于是,突厥斯坦总督区大大提高了俄国军队在费尔干纳省的权力,沙俄政府向当地增派警察部队,俄国移民也被武装起来。从1899年开始,费尔干纳省正式实施俄国的司法制度,一直到沙皇统治被推翻。除了加强武力统治,沙俄政府还采取措施希望消除俄国与中亚之间的文化差异。比如,为了促进俄国人与中亚居民的互相了解,在俄国官员中教授中亚语言和宗教知识。同时,在当地居民中选择一部分优秀人才,帮助他们学习俄国语言和文化。此外,俄方还试图培养自己的殖民统治代理人,希望当地居民能脱离他们原本的首领影响,融入沙俄模式的近代化社会。但是,俄国和中亚在文化和宗教上的彻底调和在沙皇俄国的殖民统治下并没有实现。

1865 年俄军攻占塔什干之后,为了避免与欧洲列强激化矛盾,将侵略矛头转向了布哈拉汗国。在塔什干被攻陷时,布哈拉汗曾派使团到塔什干,要求俄国部队撤离。但他这么做并不是纯粹帮助浩罕汗国,而是自己也在觊觎浩罕汗国的领土。俄方以限制布哈拉人在俄国的贸易相威胁,阻止布哈拉军队进入浩罕汗国。1866 年 1 月,俄军从塔什干出发,渡过锡尔河,逼近布哈拉汗国的商业中心吉扎克。危急时刻,布哈拉联合了浩罕汗国和希瓦汗国,集合 3 个汗国的力量共同抵抗俄国军队,俄军败退。受挫的俄军随即改变策略,决定在攻打布哈拉汗国之前,先占领位于布哈拉和浩罕边界的忽毡、乌拉秋别和吉扎克三城,此举可以切断两国的联系,防止再次发生联合攻打的情况。1866 年 5 月,两军在吉扎克和忽毡之间的伊尔扎正式交战,布哈拉军大败,俄军夺下忽毡,随后又按计划攻占乌拉秋别和吉扎克。至此,俄军完全切断了布哈拉和浩罕之间的联系,开始准备武力进攻布哈拉汗国最重要的城市——撒马尔罕。1868 年春,布哈拉和希瓦两国的抗俄联军迅速集结,准备迎战。但是这时统治阶层却分成了两派,宗教界人士和封建贵族主张战争,而工商阶层则更加关心经济发展,希望迅速妥善解决冲突。最终,势力强大的主战派占了上风,联军在泽拉夫尚河左岸的撒马尔罕附近阻击俄军。然而,统帅却在关键时刻临阵脱逃,导致军心涣散,最终联军不战而败。同时,这又激化了主战派和主和派之间的矛盾,双方在撒马尔罕城内发生武装冲突,俄军趁内讧之机进入该城,这座中亚名城就这样不攻自破了。

撒马尔罕的陷落激起了布哈拉汗国各地的反俄高潮,起义军集结起来向撒马尔罕进军,同时城内也爆发了摆脱沙俄统治的反抗运动。但最终,俄军镇压了起义,并在城内大肆烧杀抢掠,人民损失惨重。1868 年,布哈拉与俄国签订和约,布哈拉汗国的部分地区成为俄国的直属领地,布哈拉汗国保留下来,接受俄国的保护。从此,布哈拉汗国不再是具有独立主权的国家,俄国实现了在政治、经济和外交上对它的控制。

布哈拉成为沙俄的附属国之后,俄国为了保证布哈拉汗国支付战争赔款,对撒马尔罕和卡塔库尔干实行军事管理,为此还专门组建了泽拉夫尚军区。1887年,俄国将泽拉夫尚军区改建成撒马尔罕省,隶属于突厥斯坦总督区。为了巩固俄国的统治,沙俄政府收买了撒马尔罕的上层,特别是宗教界的代表人物。而在沙俄政府统治期间,撒马尔罕的经济确实得到了发展。1888年,沙俄政府修建的外里海铁路通到了撒马尔罕。之后,撒马尔罕—塔什干—安集延段铁路建成通车,奥伦堡—塔什干铁路建成通车,也就是说从奥伦堡可以直接乘火车到撒马尔罕。之后在第一次世界大战中,俄国在撒马尔罕实行强制征兵,引发了当地居民的反抗,还发生了公开暴动。至于布哈拉汗国,沙俄并没有把它纳入自己的版图,而是决定保留汗国,并确立了对它的保护地位,俄国驻布哈拉汗国的官员主要致力于发展汗国的对外贸易。在受沙俄保护期间,布哈拉汗国的领土得到了扩张。虽然布哈拉先后将撒马尔罕、卡塔库尔干、阿姆河西岸的查尔周和阿姆河东岸的帖尔穆兹割让给俄国,使得原先的领土范围有所缩减,但是在俄军的帮助下,布哈拉将汗国南部的希萨尔地区和其他一些地盘纳入自己的统治,包括卡尔希城、沙赫里夏勃兹、亚科巴赫、阿姆河右岸的南部地区、帕米尔西部的鲁善、什克南和瓦罕走廊北部地区。经过这些变化,布哈拉汗国的领土范围确实扩大了,但是与其丧失的撒马尔罕相比,新得到的都是贫瘠的交通闭塞地区,无法为汗国带来经济收益,反而增加了管理费用。

在受沙俄保护期间,布哈拉汗国的农业发展也受到了俄国的控制。撒马尔罕被纳入俄国的统治之后,俄国就直接控制了泽拉夫尚河的中游,后来又通过将撒马尔罕以东山区柯希斯坦并入俄国,控制了泽拉夫尚河上游。因此,位于泽拉夫尚河下游的布哈拉城的农业灌溉用水就牢牢掌握在了俄国人手中。此外,布哈拉汗国与沙俄政府签订的条约规定俄国企业家可以在布哈拉城从事各种行业,兴办工厂,而其中最多的就是与棉花加工有关的企业。棉织业的发展影响了布哈拉汗国的农业,使原本粮食自给自足的布哈拉城需要从俄国统治区进口粮食,由此也进一步加深了布哈拉汗国的从属地位。布哈拉汗国的外交权也被俄国控制,俄国规定它不得与外国进行独立的外交活动,汗国的边界实际上也依靠俄国军队来守卫,俄国军队驻扎在汗国边境的各个重要据点。沙俄的这种殖民统治在布哈拉民众中势必会积累很多怨气。

希瓦汗国位于阿姆河注入咸海的三角洲地带,从 15 世纪开始的 200 多年时间里,俄国人曾好几次试图远征希瓦绿洲,但都没有成功。据说 17 世纪初,有 1000 名哥萨克远征希瓦,占领了乌尔根奇城,但返程时被希瓦军队围困,全军覆没。[①] 18 世纪初,沙皇彼得一世通过改革使国力大大增强,便试图再次进占中亚,翻越兴都库什山,攻占印度,夺得黄金和印度洋的出海口。俄国派出 6000 多名士兵经过里海前往距俄国稍近的希瓦,但酷热、干燥、缺水的气候使俄军在路途中就元气大伤,最终远征军伤亡惨重,征服希瓦的想法再度搁浅。自 1834 年以来,俄国不顾希瓦汗国的领土主权,在其领地上频繁活动,包括入侵里海东岸,在曼吉什拉克半岛上建立新亚历山大罗夫斯克要塞,派彼罗夫斯基率军远征,对咸海进行全面军事测量,在咸

---

① 李硕:《俄国征服中亚战记》,中信出版社 2020 年版,第 18 页。

海东北岸的锡尔河口修建要塞。在俄国征服塔什干和布哈拉汗国期间(1864—1868),为了免除作战的后顾之忧,俄国主动改善了与希瓦汗国的关系,促进了两国贸易往来。但在塔什干被征服之后,俄国对希瓦汗国的态度就发生了变化,以保护俄国商队为借口,提出要派兵前往锡尔河下游南岸。而在布哈拉汗国归顺之后,沙俄政府便开始制订全面进军希瓦的计划。其实在俄国征服布哈拉汗国之时,希瓦汗国曾派兵支持布哈拉人共同抵抗俄国人的入侵,俄国在中亚的侵略唤起了希瓦人捍卫独立的决心。1873年春,俄国对希瓦发动大规模进攻,由于曾经有多次远征失败的经历,这次俄国十分谨慎,准备也非常充足,兵分四路向希瓦汗国进军。同年5月,俄军抵达希瓦城郊,发动了猛攻,希瓦城向俄军投降。8月,希瓦汗国与俄国签订条约,规定阿姆河以东的希瓦领土全部被俄国兼并,阿姆河的航行权由俄国独占,希瓦汗国需对俄国进行战争赔款。为了巩固对新征服的希瓦领土的统治,沙俄政府还设置了阿姆河省,后又归并于锡尔河省。

1873年条约的签订使希瓦汗国丧失了部分领土,不再拥有独立的外交权、司法权和经济权,标志着它不再是一个独立自主的国家,而沦为俄国的附属国。在接受俄国保护期间,希瓦汗国实际上是处于俄国军队的监督之下。根据1873年签订的条约,阿姆河成了俄国和希瓦汗国之间的自然边界,但是俄国军队经常不顾约定,随意过河进入希瓦汗国境内勒索财物,使得希瓦汗国的领土权受到任意践踏。此外,希瓦汗国的经济发展在俄国保护期间也带有殖民经济的性质。与布哈拉汗国一样,为了满足俄国对廉价棉花的需求,希瓦汗国境内种植棉花的地区增加,而种植粮食的耕地大大减少,汗国因粮食需求不得不加深对俄国的依附。

就这样,随着 1876 年浩罕汗国的灭亡,沙俄政府基本完成了对乌兹别克诸汗国的征服,乌兹别克人从此沦为俄国的臣民。但是,布哈拉汗国和希瓦汗国却一直没有被俄国正式吞并,这引起了俄国军界和工商界的不满。而俄国政界却坚持认为,政府通过塔什干已经完全控制了布哈拉和希瓦,获得了他们所希望得到的利益与好处,没有必要再花费多余的成本来对这些地区进行管理。另外,沙俄政府也不希望因为兼并布哈拉和希瓦而引起英国的不安,从而导致英俄关系恶化。但是,沙俄政府这种完全基于自身利益最大化的殖民统治,必然会招致激烈的反抗。

成为苏联的一分子

19世纪末20世纪初,全世界反殖民统治的民族解放运动蓬勃发展。沙俄政府在中亚地区实施了将近半个世纪的殖民统治,给中亚各族人民造成了极大的伤害,民族主义运动逐渐兴起,中亚开始觉醒。民族主义运动首先是"扎吉德"运动,其主流是改良主义,活动内容主要是办学、办报和进行反俄宣传等,在撒马尔罕、布哈拉城、塔什干等地都创办过改革学校。这些活动对唤起中亚人民的民族意识起到了一定的促进作用。1905年,俄国在日俄战争中失败,中亚人民看到了推翻俄国殖民统治的可能,看到了在中亚建立民族国家的希望,民族意识和民族自信心极大增强。俄国第一次资产阶级民主革命之后,在社会民主党人的影响下,中亚的民族民主运动蓬勃发展起来,主要内容是发动工人运动、组建政党、开始新一轮办报等。塔什干地区曾创办过《塔拉契报》和《图贾尔报》,乌兹别克人摩纳乌沃创办的《库尔西德报》,被称为"穆斯林的喉舌"。[①] 这些报纸批判了俄国的专制统治,对沙俄政府的殖民政策进行了猛烈抨击。然而,很快突厥斯坦总督区发行的报刊就被政府当局禁止了。之后,布哈拉和希瓦汗国境内也出现了办学和秘密社团的活动,党派组织也在中亚开始建立。总的来说,1905—

---

① 蓝琪、刘丹:《中亚史·第六卷》,蓝琪主编:《中亚史》,商务印书馆2020年版,第170页。

1907年中亚民主革命对整个中亚历史都产生了巨大的影响,它促进了中亚人民民族和民主意识的觉醒,为结束俄国在中亚的统治奠定了基础。

1917年二月革命之后,沙皇尼古拉二世宣布退位,俄罗斯帝国灭亡,俄国政府在中亚的统治也随之彻底瓦解。当时在俄国国内出现了临时政府和工兵代表苏维埃两个政权并存的局面,而这两个政权在中亚也都有各自的分支。随后,十月革命的胜利结束了临时政府在中亚的统治,苏维埃政权在中亚地区纷纷建立起来。1918年4月,突厥斯坦苏维埃社会主义自治共和国成立,建首都于塔什干。1920年4月,在原希瓦汗国建立了花剌子模苏维埃人民共和国。同年10月,在原布哈拉汗国建立了布哈拉苏维埃人民共和国。1922年,由俄罗斯联邦、乌克兰、白俄罗斯和外高加索联邦组成的苏维埃社会主义共和国联盟(简称"苏联")正式成立,随后中亚的这些共和国也都陆续加入苏联。

然而,这些共和国都还不是现代意义上的民族国家。在十月革命初期,中亚人民要求建立独立国家的呼声是很强烈的,但是中亚现代民族的发展程度决定了建立民族独立国家的愿望在当时还难以实现。虽然早在16世纪,中亚就形成了乌兹别克、哈萨克、吉尔吉斯等主体民族,民族差别开始出现,但一直到20世纪初期,这些民族的分解和融合过程还没有完成。而十月革命以后在中亚组建的共和国也是依据俄国统治时期的行政区划形成的,它们的范围和民族分布区域范围并不一致。以乌兹别克族为例,乌兹别克族分散在突厥斯坦苏维埃社会主义自治共和国、布哈拉苏维埃人民共和国和花剌子模苏维埃人民共和国。在这种情况下,1924年苏联中央政府决定以中亚主体民族为中心在中亚地区进行民族划界,以便加速民族认同,促进现代民族国家的形成。这一决定得到了中亚各共和国的支持,各国都同意按照民族特征来重新划界。民族划界使中亚地区的行政版图发生了很大的变化,中亚首次出现了以民族名称命名的现代民族国家。至1936年,苏联中亚地区形成了乌兹别克苏维埃社会主义共和国、土库曼苏维埃社会主义共和国、塔吉克苏维埃社会主义共和国、吉尔吉斯苏维埃社会主义共和国和哈萨克苏维埃社会主义共和国五个加盟共和国并存的格局。

1924年10月27日,苏联中央执行委员会批准了《关于中亚地区民族共和国划界》的决议(简称"六月决议"),正式决定成立乌兹别克苏维埃社会主义共和国。1924年12月5日,乌兹别克革命委员会发布《告乌兹别克全体劳动人民书》,宣布乌兹别克苏维埃社会主义共和国成立。[①] 1925年2月13—17日,共和国第一次代表大会在布哈拉城召开,大会通过了《建立乌兹别克苏维埃社会主义共和国宣言》。宣言从法律意义上确认了共和国的成立,会上还做出了自愿加入苏联的决定。1922年《苏维埃社会主义共和国联盟成立条约》和1924年通过的《苏维埃社会主义共和国联盟宪法》规定,苏联实行联邦制,每个加盟共和国均是主权国家,独立行使自己的国家权力,可以有自己的立法、执法和司法机构,也有自己的国家宪法。苏联保护各加盟共和国的主权,每一加盟共和国均拥有自由退出联盟的权力。

根据这些规定,作为加盟共和国,乌兹别克苏维埃社会主义共和国可以独立行使司法、内务、财政、社会经济、社会保障、

_____

① 孙壮志、苏畅、吴宏伟:《乌兹别克斯坦》,社会科学文献出版社2016年版,第45页。

文化教育、卫生保健、民族事务、检查和监督等国家管理权力，从理论上来说，乌兹别克斯坦作为民族国家的历史应该是从这一时期开始的。1937年2月，乌兹别克苏维埃社会主义共和国通过了共和国宪法，规定乌兹别克苏维埃社会主义共和国是一个独立自主的国家。但是实际上，从1925年加入苏联以后，和其他加盟共和国一样，乌兹别克苏维埃社会主义共和国基本上属于直接受联盟中央领导的一个行政区划。当时的共和国只有很小一部分政治和经济的自主权，其他各方面都要服从联盟中央政府的领导，一切按照联盟中央统一的指令性计划运转，其政治体制也基本上和苏联其他加盟共和国的政治体制保持一致。乌兹别克苏维埃社会主义共和国宪法明确规定了共产党的执政党地位，它是苏维埃社会的领导力量，是国家、政治制度和社会组织的领导核心，决定着社会、政治、经济和文化发展的方针与对外政策。乌兹别克共产党中央第一书记是共和国最高领导人。人民代表苏维埃是乌兹别克苏维埃社会主义共和国的立法机构，主要由最高苏维埃和地方人民代表苏维埃组成。最高苏维埃是乌兹别克最高国家权力机关，它有权决定属于本共和国管辖的一切重大问题，包括通过和修改共和国宪法，颁布各项法律和法令，批准共和国预算和执行报告，批准共和国经济和社会发展计划，设立相应的国家管理机构，决定举行全民讨论或进行全民公决，等等。最高苏维埃由150名代表组成，任期5年，由各选区选出。地方人民代表苏维埃和人民代表苏维埃执行委员会是地方国家权力机关和管理机关。各级人民代表苏维埃一般通过选举产生，代表均为兼职，地方苏维埃代表任期为2年半。共和国政府称为部长会议，它是共和国政权的最高执行机构，由最高苏维埃任命组成。部长会议由主席、若干第一副主席、副主席、各部部长、国家委员会主席组成。共和国部长会议实际上管辖的只有本共和国所属的部门，对联盟各部所属机构和企业以及联盟中央在乌的机构和企业没有管辖权。共和国司法机关由检察院系统和法院系统构成，主要行使国家司法权。

乌兹别克苏维埃社会主义共和国最初以撒马尔罕为首都，1930 年迁都塔什干。共和国境内多是高山环绕的绿洲，锡尔河和阿姆河分别流经共和国的东北部和西部地区，阿姆河三角洲的冲积平原使共和国西部 80％ 的土地都非常平坦。因此，乌兹别克苏维埃社会主义共和国在成立之初，国民经济的主要部门是农业，种植业以栽种棉花为主，粮食不能自给，农田耕作大部分靠手工劳动，生产力极不发达。

苏维埃政权建立之后，在乌兹别克人民的努力和联盟的帮助下，经过将近 70 年的发展，经济取得了长足的进步，社会生活也发生了很大的变化。20 世纪 30 年代，共和国开始进行大规模农业集体化运动，在这个过程中兴建了大量农田水利工程，促进了农业机械化。在棉花种植获得飞速发展的同时，粮食作物的播种面积逐年增加，畜牧业也从一开始遭到破坏到逐渐得到恢复，并实现与种植业同步发展。在保证农业发展的同时，共和国制定了向工业化迈进的方针。新的经济部门，从无到有，从小到大，如机器制造业、金属加工业、石油产业、建筑业、电力工业、化工业等迅速建立并日益壮大。经过最初 3 个五年计划的建设，工业在乌兹别克苏维埃社会主义共和国国民经济中的比重从 1928 年的 19％ 增加到了 1937 年的 67.1％。[①]"二战"期间，苏联中西部大量企业迁到乌兹别克苏维埃社会主

---

① 　马大正、冯锡时主编：《中亚五国史纲》，新疆人民出版社 2005 年版，第 192 页。

义共和国,它们和本地的工厂一起为苏联红军生产了大量军工产品。同时,它们也改变了乌兹别克苏维埃社会主义共和国原本的工业结构,机器制造业、金属加工业、化学工业、机械工业和燃料等重工业的比重明显增加,航空工业、机床制造业、钢铁工业、有色金属等新行业发展起来,塔什干城发展成为苏联最大的工业中心之一。"二战"结束之后,苏联各加盟共和国的经济进入和平建设的轨道。苏联政府优先发展乌兹别克苏维埃社会主义共和国的工业,电力工业、有色金属工业、天然气工业等都是战后工业发展的重点。在农业方面,共和国开始对集体农庄进行合并,淘汰了一大批技术力量薄弱、人口少、无法完成国家收购任务的小农庄,而大集体农庄的形成又加快了农业机械化的步伐。在农业的恢复和发展中,植棉业始终被放在共和国农业的首位。在很长一段时间内,共和国通过新开垦荒地或者减少谷物播种面积的方式,来扩大棉花的种植面积。到了20世纪80年代,乌兹别克苏维埃社会主义共和国已经形成了一些具有明显优势的产业,"一黄(黄金)一白(棉花)"成为共和国经济的主要支柱。

随着经济的发展,乌兹别克苏维埃社会主义共和国的城市化也在缓慢发展。作为共和国的首都,塔什干城发展迅速。到20世纪80年代,塔什干城的面积居全国第三位,人口发展到200万,仅次于莫斯科、列宁格勒(今圣彼得堡)和基辅[1],成为苏联东部最大的行政、经济、文化中心。

---

① 马大正、冯锡时主编:《中亚五国史纲》,新疆人民出版社2005年版,第206页。

塔什干市的电视塔

　　撒马尔罕在苏联时期成为共和国最大的工业中心之一,仅次于塔什干和费尔干纳流域的工业城市。在苏联政府的关注下,共和国的教育事业也得到了发展。从20世纪20年代开始,乌兹别克苏维埃社会主义共和国就成立了识字班、学校扫盲班,对人民群众进行文化普及。与此同时,共和国境内出现了大量丰富人民业余文化生活的场所,如工人俱乐部、农村图书阅览室、流动图书馆等。到20世纪40年代,文盲基本扫除,国内基本普及了初等教育。① 在发展文化教育事业的同时,乌兹别克苏维埃社会主义共和国修建了大量文化设施,包括剧院、电影院、图书馆、俱乐部、文化宫和博物馆等。新闻出版事业也有较快的发展,当时共和国就拥有了自己的通讯社和广播

---

　　① 马大正、冯锡时主编:《中亚五国史纲》,新疆人民出版社2005年版,第196页。

电台、电视台,电台和电视台可以用多种文字进行播映。共和国境内成立了多家出版机构,能用多种文字出版书籍。随着初等教育和文化事业的发展,高等教育和科研领域也呈现出了良好的势头。共和国成立了中亚第一所现代化大学——塔什干大学,为国家培养了各方面优秀的人才。"二战"期间,大量高校从苏联西部迁来,大部分都被安置在了塔什干,大大提高了共和国高等院校的水平。苏联科学院的一些研究所,乌克兰和白俄罗斯的科研机构也在1941年迁到乌兹别克苏维埃社会主义共和国,随之而来的著名专家学者极大地促进了共和国科研实力的提升。1943年,共和国成立了自己的科学院,标志着乌兹别克的科学技术研究进入了新的发展阶段。

从推翻沙皇俄国的殖民统治,到苏联在中亚实施民族划界,再到乌兹别克苏维埃社会主义共和国正式成立,世界历史上第一次出现了以乌兹别克民族命名的国家。在苏联近70年的治理中,乌兹别克苏维埃社会主义共和国经历了工业化和农业集体化,基本实现了现代化,但是在政治上它始终没有成为一个完全独立的主权国家。虽然联盟中央与加盟共和国之间实行分权制,但是和其他加盟共和国一样,乌兹别克苏维埃社会主义共和国必须在政治、外交、军事、经济、文化、教育上与联盟中央保持一致。乌兹别克人民仍然在等待着属于他们自己的真正的独立。

自由飞翔的吉祥鸟

1985 年 3 月戈尔巴乔夫担任苏共中央总书记,此后,苏联的政治、经济、社会矛盾日趋尖锐和复杂。到 20 世纪 80 年代后期,苏联已经进入了各种社会和政治矛盾极其尖锐的时期。到 1990 年,绝大多数加盟共和国都发生过民族冲突事件,这种矛盾和冲突又进一步加重了一些加盟共和国的分离倾向。而对于中亚地区来说,由于实行过掺杂人为因素的民族划界,其实早就出现了民族冲突的苗头。

对于 1924 年苏联中央主导的中亚民族划界,历来存在着不同的评价。有一种观点认为,民族划界是布尔什维克的诡计,其目的是分化中亚原有的势力,确保苏联对加盟共和国的控制。[①] 也有人认为,按照民族特征进行的划分在一定程度上确实加速了民族融合的过程,但同时也对中亚民族产生了负面影响。历史上形成的中亚地区相互联系的完整体系被破坏了,按照欧洲模式建立的民族共和国打断了中亚的自然发展过程,产生了新的紧张因素和冲突根源,减缓了公民社会的形成速度。[②]

客观来说,苏联在中亚实施的民族划界确实产生了一些负

---

① 蓝琪、刘丹:《中亚史·第六卷》,蓝琪主编:《中亚史》,商务印书馆 2020 年版,第 416 页。

② 张娜:《中亚现代民族过程研究》,中央民族大学出版社 2008 年版,第 203—204 页。

面影响。首先,人为划界使得原先统一的中亚经济体被肢解。比如,有着悠久历史的花剌子模绿洲被分成了 3 部分,分别归属于乌兹别克、土库曼和俄罗斯。对于这样的划分决定,花剌子模共和国曾提出过异议,他们认为花剌子模与阿姆河州、锡尔河州、土库曼州是统一的经济区,这 3 个州与花剌子模的分离会导致经济混乱。但最后划分决议还是执行了。其次,为了平衡各共和国的领域范围,一些地区被联盟中央人为地进行了分割。比如,作为整体的费尔干纳盆地被瓜分了;在吉尔吉斯苏维埃社会主义共和国的奥什州中划出归属于乌兹别克苏维埃社会主义共和国和塔吉克苏维埃社会主义共和国的 2 块小飞地;地处塔吉克苏维埃社会主义共和国的阿赖山山前地带的沃鲁赫、索赫、莎希马尔丹划归乌兹别克苏维埃社会主义共和国。民族划界的本意是按照民族特征来进行划界,但是为了平衡各个共和国的领土而特意划分出的这些小飞地却偏离了这一初心,人为地造成了跨界民族。最后,民族划界和民族共和国的建立在中亚地区产生了主体民族和少数民族的差别。随着加盟共和国、自治共和国和自治州的建立,这些国家和地区的民族有了主次之分,相对于主体民族而言,一些民族变成了少数民族,他们认为本民族的地位和权利受到了损害,为共和国内部产生民族矛盾和纠纷埋下了隐患。

受当时苏联国内局势的影响,中亚地区长期积累的民族矛盾和冲突不断爆发,分离主义思潮开始出现,相继发生了一系列造成较大影响的事件。20 世纪 80 年代末和 90 年代初,在乌兹别克苏维埃社会主义共和国发生过乌兹别克人和梅斯赫特土耳其人的冲突。70 年代末以来,乌兹别克苏维埃社会主义共和国人口剧增,人均耕地面积减少,导致祖居当地的乌兹别克人同外来的梅斯赫特土耳其人之间的矛盾日益加深。1989 年

5月,费尔干纳州的乌兹别克人同梅斯赫特土耳其人发生民族冲突,极端分子抢砸商店、烧毁住房和汽车。6月5日以后,骚乱蔓延至整个费尔干纳州,造成103人死亡,千余人受伤,2万多梅斯赫特土耳其人沦为难民。1990年2月,塔什干州的乌兹别克人再次与梅斯赫特土耳其人发生冲突,50多座住房被烧毁,2000多名梅斯赫特土耳其人被迫迁往其他地区。

　　虽然受民族冲突影响,中亚地区出现了一些分离主义思潮,但是各加盟共和国并没有主动脱离联盟。1990年3月,乌兹别克苏维埃社会主义共和国举行最高苏维埃选举,乌兹别克共产党中央第一书记伊斯拉姆·卡里莫夫被选为最高苏维埃主席。3月24日,乌兹别克最高苏维埃对共和国宪法做了相应修改,通过了建立总统制的决议。同日,在最高苏维埃会议上卡里莫夫当选为乌兹别克苏维埃社会主义共和国第一任总统。1990年5月,乌兹别克共产党召开代表大会,制定了自己的纲领和章程,声明"在所有至关重要的问题"上将采取"独立的、有别于苏共的政策"。1990年6月20日,也就是在6月12日俄罗斯发布主权宣言几天以后,乌兹别克最高苏维埃经过激烈辩论,通过了《在革新的苏维埃联邦中乌兹别克苏维埃社会主义共和国的主权宣言》。宣言的主要内容有:宣布共和国的主权在共和国境内具有至高无上的地位;苏联的法律须经共和国最高苏维埃批准后方可生效;共和国领土不可侵犯;国内政策和对外政策问题属于乌兹别克国家当局的管辖范围;等等。

　　根据苏联第四次人民代表大会通过的决议,最高苏维埃决定于1991年3月17日在全苏就是否保存苏联问题进行全民公决。这一天苏联举行了历史上第一次全民投票,全苏1.85亿拥有投票权的公民中有1.47亿人参加了投票。投票结果显示:赞成保留联盟的为1.12亿,占76.2%;反对保留联盟的为

21.7%；另有 1.9% 的票被认为无效。① 而在乌兹别克苏维埃社会主义共和国境内则有 94% 的人投了赞成票。苏联"八一九事件"发生时，卡里莫夫总统正在印度进行国事访问，在得到消息以后他迅速返回塔什干。在局势尚未明朗的情况下，卡里莫夫也和中亚其他加盟共和国领导人一样，对苏联的事态发展采取观望的态度。他虽然没有对"紧急状态委员会"明确表示支持，但从其在一些场合发表的讲话中可以看出，他对戈尔巴乔夫倡导的改革持否定立场，主张尽快签署在联邦基础上构成平等、独立国家的新联盟条约。"紧急状态委员会"行动失败以后，乌兹别克共产党举行中央委员会与中央检查委员会联席会议，通过了谴责"紧急状态委员会"的决议。

1991 年 8 月 31 日，乌兹别克最高苏维埃举行非常会议，发布了《乌兹别克斯坦共和国独立声明》和《乌兹别克斯坦共和国独立原则法》，宣布从 1991 年 9 月 1 日起乌兹别克斯坦正式脱离苏联，成为独立的主权国家，改国名为乌兹别克斯坦共和国，并把这一天定为国家独立日。1991 年 9 月 14 日，乌共召开第 23 次非常代表大会，通过了解散乌兹别克共产党和在其基础上成立乌兹别克斯坦人民民主党的决定。其实早在 20 世纪 80 年代后期，乌兹别克斯坦共和国境内就出现了一些不同派别和民族主义的政治组织，它们开始批评甚至攻击当时执政的共产党。1991 年 2 月，乌兹别克最高苏维埃颁布《结社法》，允许共和国公民成立政党和其他社会政治组织，从而使多党制宪法原则具体化。同时，该法还明确规定，禁止成立以破坏乌兹别克社会道德准则、改变乌兹别克现行宪法制度、破坏乌兹别克各

---

① 周尚文、叶书宗、王斯德:《苏联兴亡史》，上海人民出版社 1993 年版，第 772 页。

民族团结和挑起民族纠纷为目的的政党和群众运动组织。在乌兹别克斯坦正式宣布独立之后,各种政党和社会组织便相继诞生。

《乌兹别克斯坦共和国独立原则法》除了再次强调《主权宣言》的内容外,还指出了一些涉及国家未来政治体制建设等方面的重要原则,如:国家的目标是建成人道的民主法治国家;共和国宪法和其他法律在本国具有至高无上的地位;共和国自主决定本国的国家体制和政权形式,自主决定本国的发展道路;国家政权实行立法、行政、司法三权分立的原则;建立国防部,组建国民军和后备役兵源;共和国境内的土地、矿藏、水源、森林、动植物和其他自然资源属国家所有;共和国有权发行本国货币;共和国将同世界各国建立外交关系,签订条约,派遣外交代表,有权成为国际组织成员;有权颁布共和国的国旗、国歌和国徽等内容。① 同时还规定,乌兹别克斯坦在确定其社会经济政策方面拥有自主权,在对外政治和经济联系方面完全独立。

1991 年 9 月 5 日,乌兹别克斯坦最高苏维埃非常会议通过声明宣布,为了维护国家主权、公民的宪法权和自由及共和国的领土完整,决定成立国防部和国民近卫军。11 月 23 日,乌兹别克斯坦最高苏维埃通过了《总统法》。12 月 29 日,关于共和国独立的全民公决和总统选举同时举行。98.2%的选民赞成独立,时任总统卡里莫夫以 86%的选票继续当选独立后第一任民选总统。

11 月 18 日,乌最高苏维埃第七次非常会议确定了乌兹别克斯坦共和国的国旗设计方案,11 月 27 日又颁布了《国旗法》。

---

① 王沛主编:《中亚五国概况》,新疆人民出版社 1997 年版,第179—180 页。

新的乌兹别克斯坦共和国国旗呈横长方形,长与宽之比为 2∶1。旗面自上而下依次由浅蓝、镶两条红边的白、浅绿 3 条平行的宽带组成。浅蓝色条纹左侧有一弯白色新月和 12 颗白色星星,星星分 3 行排列,每行分别为 3 颗、4 颗、5 颗。浅蓝色是帖木儿帝国的国旗颜色,象征着蔚蓝的天空和纯净的水。白色象征和平与安宁,寓意国家走上光明发展的道路,也象征着思想与行动的净化斗争。绿色则为自然、新生命的颜色,也是伊斯兰的颜色。宽带之间的红色镶边象征旺盛的生命力,联结了美善的思想、永恒的苍穹、地球上的行为。新月象征新成立的独立自主的共和国。12 颗星星代表一年 12 个月和黄道十二宫,象征着完美和自强不息。

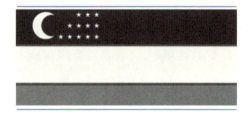

乌兹别克斯坦国旗

12 月 10 日,乌最高苏维埃确定民族诗人阿卜杜拉·阿里波夫和作曲家穆塔尔·布哈诺夫创作的作品为国歌,并于同日正式通过了《乌兹别克斯坦共和国国歌法》。歌词大意是:阳光普照的祖国,你是人民的幸福和依靠,只有你,才是朋友们好心的引路人!让科学、知识与创作之花永恒绽放,让你的荣耀之光与世同存!金色的谷地——亲爱的乌兹别克斯坦,先辈精神将成为你有力的支撑!伟大的人民与生活顽强地抗争,这片土地令世人惊叹!乌兹别克人宽广胸怀中的信念永不消退!自由的年轻一辈是你强劲的双翼!你是独立的灯塔,和平的卫士,让我正义的祖国永远繁荣昌盛!

　　1992 年 7 月 2 日,最高苏维埃第十次会议确定了乌兹别克斯坦共和国国徽。国徽呈圆形,圆面中间为一只展翅欲飞的吉祥鸟,寓意幸福和自由。鸟儿身后的背景是一轮升起的太阳和广袤的原野,预示着国家和人民都将沐浴着阳光,迎接未来美好的前景。太阳上端为一颗八角星,星内绘有一弯新月和一颗五角星,标志着共和体制的确立。国徽左侧边缘是一束绽放的棉花枝,象征着财富,右侧边缘是麦穗,象征着生命之本。棉花枝和麦穗都以国旗绶带捆绑,寓意人民万众一心。国徽底部的饰带上用乌兹别克文写着"乌兹别克斯坦"。

乌兹别克斯坦国徽

　　就这样,这个曾经长期被外族统治的中亚古老民族最终实现了真正的独立,进入了全新的发展时期,正如乌兹别克斯坦在当地语言中的含义:"自己统治自己""自己是自己的主人"。

中篇

历史积淀下的现代国家

政局逐渐稳定

  乌兹别克斯坦的独立是在世界格局发生重大转折的过程中实现的。独立与转型 30 年来,在两位总统的不懈努力下,乌兹别克斯坦已经构建了独立国家的政治、经济、外交和国防安全体系。总统卡里莫夫在任期间始终坚持独立自主的发展道路,推行渐进式的政治经济改革路线,使乌兹别克斯坦总体社会秩序良好,政局保持基本稳定。除了 2005 年 5 月在安集延地区发生了局部动荡以外,乌兹别克斯坦国内局势基本保持着相对稳定的状态,且这种良好的态势一直延续到"后卡里莫夫"时期。2016 年卡里莫夫病逝后,沙夫卡特·米尔济约耶夫顺利当选为新一届总统,实现了国家独立以来最高权力的首度轮替。上任以后,米尔济约耶夫基本延续了卡里莫夫总统的治国方针和理念,把保障乌兹别克斯坦的社会安定和促进经济发展作为首要任务,取得了一定成效。

  独立前的乌兹别克苏维埃社会主义共和国作为苏联的一部分,以高度集中的政治经济体制作为其根本政治制度。20 世纪末苏联社会弊病显露,国内问题增多,改革势在必行。1988年以后,在戈尔巴乔夫的领导下,苏联多次修改宪法,开始转向西方民主阵营,进行总统制改革。1989 年末,苏共政治局委员雅科夫列夫带头起草苏联共产党行动纲领,首次明确提出效仿西方以三权分立为原则建立总统制问题,并提出设立国家元首——总统。1990 年 3 月,苏联人民代表大会通过《关于设立苏联总统职位和苏联宪法(根本法)修改补充法》,决定设立总统为国家元首,向苏联人民代表大会负责,同时兼任国家武装力量的最高统帅,并掌握政府官员的任免权。同年 12 月,苏联人民代表大会再次修改宪法,扩大了总统职权,并决定设立以总统为首的内阁,代替苏联原来的部长会议,对总统和最高苏维埃负责。就这样,为改革僵化的官僚体制,解决个人崇拜、经济停滞、思想僵化等国内问题,苏联在戈尔巴乔夫的带领下模仿西方三权分立的宪政体制进行政治体制改革,逐渐转向了总统制。

1990 年 3 月 24 日,卡里莫夫当选为乌兹别克苏维埃社会主义共和国首任总统,并于 6 月 20 日颁布《主权宣言》,声明共和国的主权具有至高无上的地位。从 1991 年 9 月 1 日开始,正式脱离苏联的乌兹别克斯坦共和国以独立的主权国家的姿态开启了国家政治体制的构建。1991 年 10 月 29 日,乌兹别克斯坦共和国举行首次总统大选,卡里莫夫以 86% 的高支持率成为乌兹别克斯坦共和国首任民选总统。1992 年 12 月 8 日,乌兹别克斯坦通过了独立之后的首部《宪法》。

在国家政治体制的初创过程中,乌兹别克斯坦既坚持突出鲜明的本国特性不动摇,同时也以开放的姿态吸收和借鉴其他国家的成功经验,采用"政治稳定优先"的基本原则,一切以维护政权的稳定为出发点和立足点。

首先是建立强大的总统制。乌兹别克斯坦首任总统是伊斯拉姆·阿卜杜加尼耶维奇·卡里莫夫。卡里莫夫于 1938 年 1 月出生在中亚历史名城撒马尔罕的一个职员家庭,中学毕业以后就读于中亚工学院,后来又就读于塔什干国民经济学院,获经济学副博士学位。1960 年,卡里莫夫参加工作,先后在塔什干农业机械厂和塔什干契卡洛夫飞机生产联合公司工作,从最初的学徒起步,一直做到了主任设计师。1964 年,卡里莫夫加入苏联共产党。1966 年被调到乌兹别克苏维埃社会主义共和国计划委员会科学技术司,先后担任处长、主任专家、司长和计委第一副主席等职。1983 年出任共和国财政部部长。1986年担任乌兹别克苏维埃社会主义共和国部长会议副主席兼计划委员会主席。1986 年 12 月当选为乌共卡什卡达里亚州党委会第一书记。1989 年 6 月当选为乌共中央第一书记和苏联人民代表。1990 年 3 月 24 日,在乌兹别克苏维埃社会主义共和国最高苏维埃常委会会议上当选为共和国第一任总统,同年 7 月在苏共二十八大上当选为中央政治局委员。1991 年 8月,在苏联濒临解体之际,卡里莫夫宣布退出苏共中央。同年 11 月,在他的主导下,原乌兹别克共产党重组为具有全新意识形态和全新政策的人民民主党,他被选为该党主席,1996年 7 月辞去这一职务并终止参加该党活动。1991 年 12 月 29日,在独立后的第一次全国大选中,卡里莫夫以 86% 的得票率当选为乌兹别克斯坦共和国第一任民选总统,任期至 1997年。1995 年 3 月 26 日,经全民公决,其总统任期被延长至2000 年。2000 年 1 月 9 日,卡里莫夫再次在全国总统大选中获胜,获 90% 的选票。2007 年 12 月 23 日,在第三次总统选举中,卡里莫夫又一次赢得选举,任期至 2015 年。2015 年 3月 29 日,卡里莫夫以约 90% 的得票率毫无悬念地再次当选,乌兹别克斯坦迎来了"新卡里莫夫时代"。

乌兹别克斯坦首任总统卡里莫夫

在卡里莫夫看来,乌兹别克斯坦共和国进行政治体制转型的最终目的是"建立一个具有稳定的面向社会的市场经济,开放的对外政策,坚强有力的民主法治国家和公民社会"①。为此,首先必须彻底打破苏联时期意识形态化的专制制度,破除旧的行政命令体制,在此基础上建立与新的国家制度相适应的行政执法权和宪法基础,并通过法律的形式将新的社会关系制度和国家权力机关体系巩固下来。为此,在卡里莫夫任职期间,乌兹别克斯坦完成了由苏维埃体制向三权分立的权力结构体制的政治转型,逐步确立了以总统为核心的国家权力结构体系。作为独立国家的首任最高领导人,卡里莫夫凭借其个人威望以及转型时期国家建设的需求构建起了相对稳定的总统制。在这个体制中,总统位于国家权力的核心地位,在国家决策中

---

① 伊斯拉姆·卡里莫夫:《乌兹别克斯坦沿着深化经济改革的道路前进》,国际文化出版公司 1996 年版,第 1 页。

起着主导作用。总统不但在行政权力机关中具有绝对的权威性,同时还被当时的宪法赋予了部分立法权和司法权,拥有宪法动议权以及相关法律的修改权。除了宪法赋予总统宪政资源的优势外,总统在政治生活中还拥有着拓展其政治资源优势的社会政治基础。此外,转型时期特殊的经济发展状况也对加强总统权力提出了现实需求,而相对较低的政治多元化程度也为总统凝聚各种社会政治力量、扩大社会资源创造了条件。

独立后的乌兹别克斯坦共和国确立了多党制政治体制。而早在宣布独立以前的1990年3月—1991年2月,当时的乌兹别克苏维埃社会主义共和国就开始打破过去的一党执政体制,初步确立了多党制发展方向。1991年2月,乌兹别克苏维埃社会主义共和国最高苏维埃颁布《结社法》,为多党制提供了法律基础。共和国《宪法》和《结社法》都规定,共和国公民有权成立政党、工会和其他社会组织,但需要到国家司法机关办理登记手续,不允许成立以暴力方式反对宪法制度和破坏国家安全的政党和组织。在《结社法》颁布后,各类政党和社会政治组织相继出现,大致可以分为两类:一类是拥护共和国政府的政党,如人民民主党、祖国进步党等;另一类则对政府持批评态度,或称之为政府的反对派。1992年12月通过的新《宪法》禁止各类政党和社会组织从事反政府活动,因此,实际上从1992年开始,除了人民民主党、祖国进步党被承认得以合法存在外,其他政党基本上都被取缔了。1995年,公开声明拥护共和国政府内外政策的"公正"社会民主党、"民族复兴"民主党宣布成立。1996年12月,乌兹别克斯坦议会颁布了《政党法》,对政党建立和组织活动的原则进行了严格规范。《政党法》指出,政党的建立和活动是为了实现公民的政治权利和自由,国家保障和维护政党的合法权利,为它们实现自己的目标和任务提供平等的法律基础,禁止国家权力机关和管理机关、企业、组织领导人干涉政党内部事务,阻挠政党的正常活动。但是,政党活动需要在业余时间进行。政党有权自由散发和通报本党的活动情况,宣传本党的思想信念、追求的目标和党的决议,按法定程序参加共和国总统和议会的竞选活动,举行党组织活动和代表会议,创办自己的大众传播媒体,与其他政党建立联盟关系。

目前,乌兹别克斯坦正式登记的政党有 5 个,即人民民主党、"公正"社会民主党、"民族复兴"民主党、实业家运动—自由民主党、生态党。人民民主党成立于 1991 年 11 月 1 日,现有党员 34 万人,在议会中占 22 个席位。该党的宗旨:建立公正社会,巩固国家政治体制、经济独立,维护族际和睦,改善劳动者的物质和文化生活状况,保护人权。"公正"社会民主党于 1995 年 2 月 18 日成立,现有党员约 40 万人,在议会中占 24 个席位。该党的宗旨:建立符合各民族利益的法治国家,巩固社会公正原则,保护人权。"民族复兴"民主党于 1995 年 6 月成立,现有党员 20 多万人,在议会中占 36 个席位。该党的宗旨:提高全民民族意识,培养民众特别是青年一代的民族自豪感和爱国主义精神,团结所有爱国人士,提高乌兹别克斯坦国际威望,不惜一切代价捍卫国家独立和价值观,反对任何损害乌兹别克斯坦利益的企图。实业家运动—自由民主党于 2003 年 11 月 15 日成立,现有党员 39 万多人,主要为乌兹别克斯坦企业家和实业界人士,在议会中占 53 个席位,现任总统米尔济约耶夫就来自该党。其宗旨和任务是:积极参与乌兹别克斯坦国家、社会体制的改革与发展进程,促进乌兹别克斯坦政治、经济、社会和精神生活自由民主化,在民主基础上进一步完善国家和社会体制,深化经济改革,切实保护公民、企业家和商人的自由及合法权益。生态党的前身为 2008 年 2 月成立的"乌兹别克斯坦生态运动",2019年1月正式注册为政党,在议会中占15个席位。主要目标和宗旨是:实现国家可持续发展,提高居民生活质量和健康水平,改善环境,为后代保留自然资源,使环保和自然资源保护事业成为国家、社会和每个公民的事业。[①]值得一提的是,这些政党都是亲政府的政党,因此虽然乌兹别克斯坦通过立法使政党的地位有所提高,但是为了保持国家稳定,加强对反对派的控制,政府一直都在有意识地弱化政党的地位和作用,从而形成了具有乌兹别克斯坦特色的不完全的多党制。

进入21世纪后,议会中的政党均为亲政府党派,反对派政党被清除出乌兹别克斯坦政治的核心舞台。总统借助议会中的亲政府议会党团确保其对议会的影响力,实现其个人意志和治国理念的法律表达,并转化为国家的各项制度与政策。与此同时,由于在立法机关中亲政权政治力量占据主导地位,总统提出的任何修宪或立法动议都将在议会下院顺利通过,从而使总统对于国家的立法进程拥有着巨大的影响力。这种政治格局加强了总统在权力体系中的优势,使"三权"的天平进一步向以总统为首的行政权力倾斜,并强化了总统在国家体制中的绝对主导地位。

其次,推行渐进的政治改革。21世纪最初10年间在后苏联空间和南欧地区以及中东、北非国家相继出现的一些政治动荡和政权更替事件,尤其是邻国吉尔吉斯斯坦经历的两度政权非正常更迭,给乌兹别克斯坦政权安全带来强烈的警示作用。鉴于此,乌兹别克斯坦在保持政治和社会稳定的前提下逐步推

---

① 中华人民共和国商务部:《2020年对外投资合作国别(地区)指南——乌兹别克斯坦》,2020-12-25,https://www.yidaiyilu.gov.cn/zchj/zcfg/159438.htm,2021-6-17。

进渐进式政治改革,扩大公民的政治参与诉求,以此来缓解政府与社会的对立情绪,同时着手为政权的新旧交替寻求稳定的制度模式,使权力的代际更替具有可操作性和预测性。

卡里莫夫主张国家是改革的主要倡导者,改革应该根据国家自身的特点分阶段、分步骤地进行,同时任何为改革所采取的措施都必须以法律为准绳和保证。卡里莫夫提出了国家改革的五项基本原则,即"经济优先,国家调控,法律至上,社会保障,循序渐进"。"经济优先"即坚持国家制度的非意识形态化。"国家调控"即国家应该在从计划分配体制向市场经济体制转型的过程中扮演总设计师的角色。"法律至上"即法律面前人人平等。"社会保障"即国家在体制转型期间应强化实施社会保障领域内的政策。"循序渐进"则是指所有的改革都要分阶段以渐进的方式进行。卡里莫夫认为,世界上不存在一种对于任何国家都适用的发展模式,因此乌兹别克斯坦需要寻找和建立符合本国国情、考虑到本国特点的独一无二的模式。

卡里莫夫在其第三任期内,积极推进政治体制的改革,提高了议会中比例代表制的议席数,通过扩大议会和政党的政治参与水平和空间,加强了政党在国家政治生活中的作用,打破了地域分割,削弱了地方色彩,巩固了政治精英集团内部的团结,从而为维护国家的政治稳定奠定了基础。与此同时,乌兹别克斯坦还通过制度规范和政策调整,提高了议会门槛,鼓励大党合并小党,以多党议会和政党政治的制度化塑造稳定的执政阶层,以填补未来有可能出现的权力真空,确保社会政治的平稳发展。

再次,适当加强议会的权力。乌兹别克斯坦认为发展议会制对于建设和巩固民主化与法制化具有重要的意义。在首任总统卡里莫夫的推动下,乌兹别克斯坦在其执政后期,循序渐进地推进旨在加强议会作用的宪法改革。2011年3月,乌兹别克斯坦议会通过宪法修正案,在一定程度上削弱了总统的部分权力,规定从下一任总统开始任期从原先的7年缩短为5年。另外,新修订的宪法还相对地扩大了议会的权力,放宽了政党参政的政策,提高了议会和政党在国家政治生活中的地位,将政府组阁权由总统移交至议会,总理也由在议会下院中获得多数席位的政党或多数政党联合提名产生。

同时,新宪法还加强了议会的监督职能,规定在总理与议会下院出现激烈矛盾的情况下,如果议会上下两院分别有2/3议员提出对总理的不信任案,该议案即获通过。同时,为了加强议会和政党在社会经济与社会政治改革中的作用与影响力,宪法规定议会下院有权听取和讨论总理就现实的社会经济发展问题所作的政府工作报告。2014年4月乌兹别克斯坦再次进行宪法的修订。此次修宪扩大了议会对政府的监督职能,规定政府除向总统汇报工作外,还要向议会提交关于社会经济发展的年度工作报告,地方的州长、市长、区长都要向同级议会报告工作,地方议会对同级行政机关拥有问责权。此外,宪法规定议会多数派政党除了拥有政府组阁权外,议会在审议和批准新政府总理人选时,候选人必须向议会提交政府今后近期和长期行动规划。

新修订的宪法还同时规定,在总统无法行使总统职权时,上院议长将是担任代总统职务的第一人选。这一规定既是立法机构对行政权力的一个制约机制,也为未来总统权力的交替提供了明确的法律支持和双重保险,同时也为卡里莫夫总统卸任后继续保持国家政局的稳定奠定了政治基础。此外,新修订的宪法还为时任总统保留了一定的宪法资源,赋予卸任总统以终身上院议员的身份,使其依旧拥有对立法权力体系的影响力。由此可见,修宪和一系列相关法律的修改在行政权力与立法权力之间的关系方面做了较大的调整,在制度安排上加强了议会对政府的监督与制衡作用,一定程度上弱化了总统个人的权力,确保执行机关与立法机关之间的均势,防止"后卡里莫夫时代"乌兹别克斯坦国内的决策层因精英内部的失和,而诱发政治危机。

可以说,经过独立后几十年的探索与发展,卡里莫夫所实行的改革措施被证明对乌兹别克斯坦来说是适合而有效的,加强了国家的独立与主权,维护了国家利益,保持了国家的基本稳定与发展的大局。因此,卡里莫夫已经在乌兹别克斯坦国家政治生活中树立起了至高无上的权威,被授予"乌兹别克斯坦民族英雄"称号。

2016 年 9 月 1 日,卡里莫夫因病突然离世,先前担任总理的米尔济约耶夫继任该国新一任总统。凭借国内政局的稳定、行政资源与强力部门的支持,米尔济约耶夫顺利实现了国家最高权力的交接,而国内政治精英的彼此妥协与宽容也为政权易手营造了和平氛围。可以说,米尔济约耶夫总统于 2016 年的顺利当选,在乌兹别克斯坦独立后的历史上具有重要的里程碑意义。它实现了乌兹别克斯坦国家独立以来最高领导人的首次新老更替,标志着以卡里莫夫为代表的由苏维埃体制转型而来的领袖时代的结束和政治发展新阶段的开始。

米尔济约耶夫非常顺利地继承了首任总统卡里莫夫留下的政治遗产和政治资源,没有使乌兹别克斯坦出现权力真空,并较为圆满地完成了权力交接。米尔济约耶夫总统明确表示自己在内政和外交上将承袭前任总统的执政理念和治国思路,强调在内政方面最重要的任务是延续卡里莫夫制定的政治、社会、经济改革方针,即在世界经济复苏乏力的背景下,确保国家

乌兹别克斯坦现任总统米尔济约耶夫

的竞争力。米尔济约耶夫甚至在上任后宣布在塔什干为已故总统立碑,把原卡里莫夫的总统府改建为首任总统纪念馆,以此来表达自己作为继任者对卡里莫夫的尊重。就目前情况来看,米尔济约耶夫成功地继承了卡里莫夫的执政基础和执政团队,并得到了国家精英集团的一致拥戴。可以说,乌兹别克斯坦政治精英阶层内部的默契及其对国家稳定的期望,成了米尔济约耶夫执掌国家大权的基础条件。

米尔济约耶夫高度评价卡里莫夫为乌兹别克斯坦所做的贡献,他延续和发展了前任总统的政策,对内继续以"强总统"为特征,加强垂直的权力体系,提高政府的工作效率,打击腐败,为发展营造良好的氛围,对外积极拓展外部市场和吸引外资,扩大开放,为发展创造良好的外部条件。与前任总统重在建设独立国家不同的是,新总统面临的首要任务是发展,具体包括:加速经济发展,解决民生问题;放松对社会的管控,增强社会活力;改善与邻国的关系,拓展外部市场。为了巩固其政权合法性和社会政治的持续稳定,米尔济约耶夫在接任代总统期间和正式就任总统之后,相继推行了一系列政策措施,推出了一系列惠民政策,使乌兹别克斯坦呈现出不同于卡里莫夫时期的政治景象。

在社会政治领域,米尔济约耶夫总统提出深化行政体制改革,限制各州、各部门领导人的权力,预防和打击腐败,努力拉近政府与民众的距离。值得一提的是,在国家政治经济形势基本稳定之后,从 1996 年开始,乌兹别克斯坦就开展主题年活动,国家每年都会定一个主题活动,意味着国家在这一年会特别重视该领域的发展,政府会出台大量相关措施,集中解决存在的问题。目前举办过的主题年有人类利益年、家庭年、妇女年、健康年、母亲和儿童年、老一辈利益年、社区年、良善和美德年、慈善和医务工作者年、社会保障年、青年人年、农村发展和公用设施年、代际和谐发展年、中小企业年、儿童健康年等等。2017 年 12 月 7 日,在乌兹别克斯坦宪法实施 24 周年的庆典上,米尔济约耶夫宣布将 2017 年定为"人民利益与人民对话年",强调乌兹别克斯坦的治国理念是"人的利益高于一切",政府将采取一系列措施与人民展开对话,主动倾听民众诉求,解决民众关心的主要问题,努力保障民众利益。为此,总统将扩大各个城市和地区的民众接待工作,在各城市及行政区开设民众接待处,直接听取民意。同时,米尔济约耶夫还利用新媒体设立群众热线,命令所有部委、国有银行、企业和院校开设相关渠道,全面加强同民众的对话。米尔济约耶夫还建议,未来乌兹别克斯坦州长和区市长岗位都由选举产生,以此来提高地方领导人对人民和社会的责任感。此外,米尔济约耶夫总统还加大了反腐败力度,号召全社会对国家公职人员腐败行为零容忍。2017 年 1 月 3 日,总统签署《反腐败法》,将提高国民的法律责任意识和议会的监督职能作为反腐败工作的基本国策。

同年 4 月,总统还签署法令,要求内务部相关部门学习国外先
进的犯罪调查经验。可以说,米尔济约耶夫提出的对行政机关
权力进行调整、加强反腐败工作等方面的目标和方向,都是在
努力打造一个亲民的总统形象。

　　除此之外,为了提高政府工作效率、优化组织结构,2017 年
3 月米尔济约耶夫还签署了一系列法令,对总统办公厅的职能
和任务进行了相应的调整。其中,《关于进一步完善总统办公
厅工作的命令》规定要对总统办公厅进行改组,明确各部门的
任务和职能。比如,撤销原议会事务、政治和社会组织事务局
以及执法和监督机构工作协调局,建立总统办公厅政治—法律
问题局;在原社会活动事务机构、非政府非商业组织事务机构、
青年政策机构、自治机构工作事务部门、各民族关系和宗教事
务部门基础上建立社会和宗教组织合作局;将原大众传媒、精
神与教育、文化、艺术和创造性组织发展事务局改组为大众传
媒、文化、艺术和创造性组织发展事务局;撤销总统所属改革和
投资问题部门间协调委员会,建立总统所属国家法律框架、社
会建设和司法体系改革委员会。众所周知,总统办公厅在乌兹
别克斯坦的政治体制中具有非常重要的地位,而且承担的职能
颇多。从此次总统办公厅机构调整中可以看出,米尔济约耶夫
总统有意识地增强了总统办公厅在法律建设和媒体宣传方面
的功能,以配合新政权在法律制度建设和形象宣传工作上的需
要,更有助于其对国家的法治建设和舆论引导发挥指导作用。

　　乌兹别克斯坦的第一次最高权力交接发生在世界经济比
较萧条的时期,国际能源价格的下跌和俄罗斯等独联体国家经
济的低迷都对乌兹别克斯坦经济造成了较大的冲击,也直接影
响了民众对米尔济约耶夫政策的信心。为此,米尔济约耶夫在
就任代总统期间,就通过兑现卡里莫夫执政期间所提出的提高

工资和退休金的承诺、统一降低日常食品价格等社会保障领域的措施，希望赢得民众对其政权的支持。同时，乌兹别克斯坦政府还在交通、水资源利用与环保领域、城市照明系统改造等市政建设领域提出系统规划，加大资金投入力度，以提高民众对政府的满意度。在社会经济领域，乌兹别克斯坦也进行了一些改革，减少国家对经济的干预，进一步鼓励私人企业和中小型企业的发展，改善投资环境，进行财政、税收、金融制度方面的改革，采取相对优惠的引资政策，为国内外企业提供更为宽松的经营条件。

2022年2月，米尔济约耶夫总统批准了《2022—2026年新乌兹别克斯坦发展战略》，这是乌兹别克斯坦未来五年国家发展的重要纲领性文件，是《2017—2021年五个优先发展领域战略》的延续。在《2017—2021年五个优先发展领域战略》中，乌兹别克斯坦政府把公共行政制度改革、经济自由化改革、外交政策选择等列为重点方向。五年来，乌兹别克斯坦的经济改革取得明显成效，成为中亚地区经济发展最为稳健的国家。《2022—2026年新乌兹别克斯坦发展战略》的主要任务包括经济改革、行政制度改革、教育体制改革、医疗制度改革。2022年3月24日，米尔济约耶夫在出席首届塔什干国际投资论坛并致辞时表示，《2022—2026年新乌兹别克斯坦发展战略》的优先方向和未来五年改革目标是：继续确保政治经济稳定，建立高效行政体系；支持企业，降低国有经济比重，保护投资者权益；加快基础设施升级；开展高附加值产品本地化生产；投资劳动力资源；实现外贸自由化；保障性别平等；力争在五年内将GDP提升至1000亿美元，出口额增至300亿美元，私营经济占GDP比重提高至80％，于2030年超过中等收入国家水平。

总体而言，米尔济约耶夫总统上任以来一直强调对首任总统治国政策的延续性。从其推行的具体政策来看,米尔济约耶夫试图通过采取一些灵活的政策性调整,消除原有体制中阻碍政治经济发展的因素,推进乌兹别克斯坦国家治理的现代化。同时,在政治决策过程中,米尔济约耶夫也更加强调民主,显示深化体制改革的意愿和姿态,从而降低西方社会对乌兹别克斯坦的民主压力,为国家的经济发展创造更为有利的政治环境和经济条件。可以说,独立后经过 30 年的发展,乌兹别克斯坦在卡里莫夫的带领下走上了稳定发展的道路,如今又在米尔济约耶夫的领导下开启了发展的新阶段。

拒绝"休克疗法"

　　乌兹别克斯坦地跨阿姆河、锡尔河流域,自古以来就是比较富庶的地区,被称为"四金之国"。"四金"即黄金、"白金"(棉花)、"黑金"(石油)、"蓝金"(天然气)。2000 多年前的古丝绸之路就把它同东西方的文明中心联系起来,成为文化、经济交流的桥梁。19 世纪后半期被沙皇俄国吞并,1924 年成为苏联的加盟共和国,之后逐渐形成了高度集中的计划经济。苏联解体之后,乌兹别克斯坦也真正完成了独立,开启了改革市场经济的历程。虽然在发展中遇到了不少困难和挑战,但是由于政治生态比较稳定,乌兹别克斯坦逐渐摸索出一条符合本国国情的发展道路。有了国家治理层面的保障,在经济优先、不以激进的方式推行私有化和价格自由化改革的政策护航之下,乌兹别克斯坦独立后的经济改革已经成为计划经济向市场经济平稳过渡的成功范例。

　　苏联所辖的范围十分辽阔,在计划经济体制下为了加强经济管理,苏联采取了划分经济区的做法。中亚五国被划分为两大经济区,一个是哈萨克苏维埃社会主义共和国经济区,另一个是中亚经济区,包含乌、塔、吉、土 4 个加盟共和国。苏联的经济区划是依照自然条件和经济条件划分的,各经济区首先要服从全苏统一的经济结构,每一个经济区都各有其自身的专业经济分工,并与其他经济区进行劳动交换。经济分区本应是随着历史发展自然形成的,是商品经济发展的必然结果,但是苏联却有组织、有计划、有针对性地进行了人为划分。中央计划决定着各经济区在大经济组合中的地位,决定着各个加盟共和国经济发展的基本方向,从而使它们失去了自我发展和全面探索的可能性。但客观来说,从加入苏联开始,乌兹别克苏维埃社会主义共和国的经济确实得到了快速发展。

苏联时期,乌兹别克苏维埃社会主义共和国是中亚经济区中最为发达的地区,也是当时中亚的经济和文化中心。在全苏联 15 个加盟共和国中乌兹别克苏维埃社会主义共和国的出口排名第三,仅次于俄罗斯和乌克兰,是当时苏联重要的外贸出口国之一。乌兹别克苏维埃社会主义共和国集中了中亚经济区 60%的人口和 60%的灌溉土地,这里的灌溉农业居全苏第一。乌兹别克苏维埃社会主义共和国的棉花生产、天然气及有色金属生产在全苏占有重要位置,其中棉花产量占全苏的 60%,费尔干纳、塔什干等绿洲地区的种棉产业是共和国的支柱产业。[①] 但是乌兹别克苏维埃社会主义共和国的棉花加工业尚不发达,大部分棉花都要送往苏联其他地区进行加工。天然气开采和有色金属业也是共和国的主要产业。天然气从加兹利产地输送到乌兹别克苏维埃社会主义共和国的各个城市及吉尔吉斯和哈萨克等国,此外,还通过管道运送到俄罗斯。有色金属以铜、黄金及多金属的开采、冶炼、加工为主,在首都塔什干有大型冶金综合企业,还有一些生产拖拉机、清棉机和织布机的企业。全苏最大的飞机制造骨干企业之一契卡洛夫飞机制造厂也位于塔什干。

尽管乌兹别克苏维埃社会主义共和国的工业发展在中亚

---

① 薛旺兵:《乌兹别克斯坦经济改革历程探析》,新疆师范大学硕士学位论文,2019 年。

地区最强,但总体而言国家发展主要还是依靠农业,是一个以生产棉花为主的专业化农业大国,经济结构十分单一,国家经济部门缺乏完整、独立的运行机制,一切听命于苏维埃联盟中央的安排,对其他共和国的经济依赖也较大。在这样的历史背景下,苏联时期的乌兹别克苏维埃社会主义共和国形成了高度集中的计划经济体制,主要以国家干预为经济调控手段,市场机制遭到排斥,国民经济市场化程度低下。另外,长期作为苏联的原料基地也导致了乌兹别克苏维埃社会主义共和国的经济发展畸形,产业结构极不合理。这种经济结构上的先天不足在独立后开始显现出来,短时期内难以改变,对之后的经济发展产生了持续的消极影响。1991 年,共和国国内生产总值的85%①是国有企业创造的,其余是集体农庄贡献的,私有经济基本上没有。随着国家主权独立,乌兹别克斯坦的经济体制也逐渐开始发生变化,总体发展目标是形成乌兹别克斯坦特有的带有国家调节体系的混合经济模式。主要体现在,首先是明确规定向市场经济过渡,在保持国家宏观调控、确保少数战略性经济部门仍旧由国家控制的条件下,实行新的管理体制和所有制形式。其次,逐步克服经济的畸形发展,摆脱过度对外依赖,实现经济独立。其实乌兹别克斯坦的经济改革最早开始于 20 世纪 80 年代末,主要是在农村地区允许农民保留一小块宅旁园地,以刺激农民的生产积极性。1991 年底苏联解体后,乌兹别克斯坦正式宣布向市场经济过渡,着手实行经济体制的改革。但是突然取消计划经济模式,市场经济还未形成相应的机制,资金市场极为有限,金融及信贷体系薄弱,乌兹别克斯坦就这

---

① 孙壮志、苏畅、吴宏伟:《乌兹别克斯坦》,社会科学文献出版社 2016 年版,第 114 页。

样走上了艰难的改革之路。

独立初期,乌兹别克斯坦拒绝"休克疗法",卡里莫夫总统结合本国国情和经济传统,采取了以渐进的方式分阶段地向市场经济过渡的做法。在卡里莫夫看来,革命性的飞跃只会导致经济的休克,同时市场经济应结合本国的具体情况,这使得乌兹别克斯坦的经济改革从一开始就走上了一条独特的道路。根据卡里莫夫总统在独立时提出的向市场经济平稳过渡的方式,政府制订了比较系统完整的改革计划,主要遵循以下五项基本原则:经济非意识形态化,经济优先于政治;国家是经济改革的主体;制定和遵守各项法律,法律至上;在保持强有力的社会保障机制的同时引进市场关系;改革要分阶段、连续不断地进行。① 1992 年,乌兹别克斯坦以宪法的形式明确宣告本国要向市场经济过渡。卡里莫夫在其著作《乌兹别克斯坦:沿着深化经济改革的道路前进》中指出,乌兹别克斯坦的经济改革分两个阶段进行。第一阶段的主要任务是:为改革建立起必要的法律基础,进行私有化,形成多种成分并存的经济模式,在农业中确立新型的经营制度和分配关系,保证国家政治和经济社会的稳定。这一阶段到 1994 年底才基本结束。第二阶段的主要任务是:加速私有化进程,稳定本国货币,努力实现经济结构的根本改造。

乌兹别克斯坦的经济改革是自上而下进行的,国家是主要的改革者。卡里莫夫强调,改革的目的是把乌兹别克斯坦建设成为具有强大工业生产能力的强大民主国家,使乌兹别克斯坦同国际经济社会建立起密切的联系。同时要努力避免改革过

---

① 　伊斯拉姆·卡里莫夫:《深化经济改革道路上的乌兹别克斯坦》,国际文化出版公司 1995 年版,第 10 页。

程中和过渡时期出现对居民造成伤害的情况,建成一个有道德的社会。在改革中最重要的一点是由国有资产管理委员会及其地方下属机构负责实行逐步私有化和非国有化。卡里莫夫认为,乌兹别克斯坦要注意本国实际情况,形成一种既有别于社会主义,又有别于资本主义的混合经济体制。改革中要注意吸取其他国家尤其是亚洲国家的经验,要注意进行结构调整和建立新的生产部门,经济体系要保障经济独立和自我供给,挖掘出口潜力。总体来说,乌兹别克斯坦经济结构改革应本着两个原则:一是建立起比较完备的工业体系,为本国的经济发展和居民生活提供必备的物质基础;二是增强国家的出口能力,通过出口换取外汇来保证混合型市场经济的建立。具体的措施包括:全面发展出口导向型经济部门;充分利用本国产品替代进口,减少国家对国外产品的依赖;发展合资企业;加快发展机械制造业;优先进行基础设施建设。

经过一段时间的改革实践,到 1995 年,独立初期体制结构僵化单一导致的经济滑坡已经得到了有效遏制,经济出现了回升态势,通货膨胀的情况也有所好转。从 1996 年起,乌兹别克斯坦经济出现了转折性变化,国内生产总值连续获得增长,到 2000 年,乌兹别克斯坦国内就业形势大大改善,出口结构也发生了积极变化,基本上已经由一个纯农业国转变成工业品出口国,工业增长率位居独联体国家首位。可以说,卡里莫夫所主导的渐进式经济改革的顺利实施使乌兹别克斯坦迅速摆脱了独立初期的危机。

进入 21 世纪之后,乌兹别克斯坦继续进行向市场经济转变的改革,同时政府将这一阶段的工作重点确定为经济结构改革。虽然经过独立初期 10 年的发展,乌兹别克斯坦的经济已经趋于稳定,但国家的工业体系仍处于欠完备状态,工业产值

较低,为经济部门和人民群众提供产品的能力不足。工业生产
虽然向好的方向发展,但还没有根本扭转能源和金属原材料工
业比重过高的情况。矿产品深加工还很弱,出口的稀有金属产
品大多数是粗加工的产品。大多数经济部门仍然保持着落后
的生产基础,能耗高、生产成本居高不下以及劳动密集型企业
占多数,急需现代化的技术改造,为此需要投入大量资金,特别
是外资。但是由于乌兹别克斯坦的经济结构还相对落后,投资
环境有待改善,尚难吸引大量外资,再加上货币不能自由兑换,
更是阻碍了外资的流入,遏制了出口的增长。基于这样的现
状,政府制定了相应的改革原则:一是尽快建立同市场经济相
协调的工业体系;二是大力发展国际贸易;三是加快发展机械
制造业;四是加快建设基础设施。2005 年,乌兹别克斯坦国内
生产总值增长 7%,经济结构进一步优化,工业对 GDP 的贡献
率由 2002 年的 14%上升到 20%。交通运输、通信等服务领域
的产值已占到 GDP 的 38%,比 2000 年增长了 50%。[①] 2008
年全球金融危机爆发后,乌兹别克斯坦推出了一系列应对危机
的措施,继续调整经济体制,积极吸引外资和扩大就业,经济增
速未受到很大影响,仍旧保持较高的增长率。2008 年卡里莫夫
继续调整经济结构,建立了纳沃伊自由经济区,旨在吸引外资,
尤其是吸引直接投资,重点引进高新技术产业,发展制造业、交
通和基建。与此同时,乌兹别克斯坦的市场化进程也在稳步推
进中,中小型私人企业在国内生产总值中已经占据半壁江山。

　　可以说,经过独立后 30 年的发展,乌兹别克斯坦的经济发
展出现了明显变化。

---

　　① 石越洋:《浅谈乌兹别克斯坦经济体制改革》,《中国集体经济》
2021 年第 15 期,第 167—168 页。

首先,非国有和私有经济成分大幅增加。1996 年初,轻工业、建材业、商业和服务业企业基本完成了非国有化、私有化和股份化进程。1997 年,70％的工业企业实现了私有化。2001年,97.1％的商品零售额是非国有经济实现的。到 2008 年初,乌兹别克斯坦有各类所有制企业 46.5 万家,其中非国有企业的比重占到了 93％。2005 年非国有经济占国内 GDP 总量的75.8％,2008 年提高到 81.3％,到 2010 年则提升到了82.5％。[①] 尽管非国有化进展较快,但国家对一些重要经济部门的垄断并没有减弱,私有化也没有触及国家经济的基础部门,如石油工业仍然是国有企业占主导。

其次,过分单一的经济结构得到了一定改善。工业在国民经济中的比重超过农业,轻工业、加工业、服务业得到较快的发展,粮食、能源基本实现自给自足,这都是乌兹别克斯坦在结构改革方面取得的明显成就。在巩固农业机械、飞机制造业等传统优势产业的基础上,增加了多种新产品的生产,如汽车、电子产品、内燃机车等。工业结构多元化明显,从原料工业向现代化工业过渡,开始有能力对棉花、丝、毛、皮等原材料进行加工。在农业领域,棉花的播种面积缩小,粮食的种植面积有所增加,一些重要农产品的自给程度明显得到提高。

最后,市场逐步发育,除流通和生产领域引入市场机制外,劳动力和资本市场也开始形成,市场主体多元化局面已经形成。政府鼓励中小企业发展,给予大量优惠政策,保障企业主的合法权益,整顿企业的财务部门,使得中小企业发展迅速,创造了大量就业岗位,为减少失业人数做出了贡献。

---

① 孙壮志、苏畅、吴宏伟:《乌兹别克斯坦》,社会科学文献出版社2016 年版,第 117 页。

强调稳定和国家宏观调控是独立后的乌兹别克斯坦经济的两大特点，卡里莫夫总统通过渐进低速向市场经济过渡的方法，尽最大努力保障了人民的生活水平，使乌兹别克斯坦成为苏联解体初期中亚各国中经济形势最稳定的国家，也是最早恢复经济的国家，综合国力确实也有所提高。但这样的发展模式其实违背了市场经济的自身规律，在政策推行初期经济得到一定发展的同时也累积了很多深层次矛盾，严重阻碍了国家经济向更高层次的发展，使乌兹别克斯坦的经济出现了沉稳有余而活力不足的滞后局面。

2016年9月2日，连续执掌政权27年的中亚政坛"常青树"卡里莫夫突然逝世，给乌兹别克斯坦的发展带来了全新的挑战和机遇。幸运的是，乌兹别克斯坦没有发生动乱，而是平稳地实现了政权的交接。新总统米尔济约耶夫执政后，开始全方位推行政治、经济和社会改革。谨慎、务实又不失坚定地推进经济体制转型，加快市场开放，增强经济活力，这是米尔济约耶夫经济改革的主旋律。2017年2月，米尔济约耶夫签发总统令，批准了《2017—2021年五个优先发展领域战略》。其中，针对经济发展和自由化的内容有：(1)确保宏观经济稳定，保持经济高速增长，降低税负并简化税制，发展国际合作。(2)通过深化结构改革，推动主要经济部门的现代化和多元化，逐步提升国民经济的竞争力。(3)促进农业的现代化和集约化发展。(4)继续推进制度性和结构性改革，旨在降低国家在经济中的参与度，强化私有产权的保护和优先地位，刺激中小企业和私营企业的发展。(5)全面协调地区和城乡社会经济发展，开发并有效利用资源潜力。① 该行动战略共分为 5 个阶段来实施,主要内容是进一步推动经济自由化,目标是通过保证宏观经济的稳定性实现经济的快速增长,提高国家经济竞争力,进一步实现农业的现代化和快速发展,深化制度性和结构性改革以减少国家对经济的宏观调控,继续加强对私有财产和企业主权益的保护,刺激小企业和私营部门发展,综合均衡地发展各地经济,积极改善投资环境以吸引外资。

米尔济约耶夫针对经济方面启动了大规模的改革,取消了诸多制度限制,通过了《2017—2021 年乌兹别克斯坦深化经济战略》②,具体包含以下措施:

第一,减少对经济的行政干预,扶持中小企业,改善商业环境。2017 年初乌兹别克斯坦实施了《关于加速商业发展、全面保障私有资本和改善营商环境的补充措施》,进一步激活企业经营活力并改善营商环境。得益于此,乌兹别克斯坦的私营企业和中小企业呈现出了快速发展的趋势。此外,为改善投资环境,专门成立了国家投资委员会,旨在吸引外资、激发外资潜力、扩展与国际金融机构及外国企业的合作。随着投资环境不断改善,国际社会对乌兹别克斯坦经济前景看好,投资信心进一步增强,投资大幅增加。经过近几年来政府的努力,如今乌兹别克斯坦的营商环境已大大改善,政府行政效率也有所提高。根据世界银行《2020 年营商环境报告》,在全球 190 个经济

① 吴宏伟、丁超:《乌兹别克斯坦经济改革政策评析》,李自国主编:《米尔济约耶夫总统:乌兹别克斯坦改革时代的设计师》,世界知识出版社 2019 年版,第 149 页。

② 孙力:《中亚黄皮书:中亚国家发展报告》,社会科学文献出版社 2017 年版,第 307—308 页。

体中,乌兹别克斯坦的营商环境便利度排名第 69 位。①

　　第二,加快产业调整,实现经济结构现代化和多样化。根据政府规划,乌兹别克斯坦将减少种棉面积,扩大果蔬的种植,这有利于农业结构的改革,推动本国的经济转型。同时,大力发展纺织和能源工业,2017 年 12 月,米尔济约耶夫总统签署了《加快纺织和针织工业发展措施》的总统令,从顶层设计上为国家纺织业的未来发展指明了方向。2020 年开始乌兹别克斯坦停止棉花出口,这表明了乌兹别克斯坦希望从传统产棉大国转型升级为纺织强国的坚定决心。坚持出口导向,使用高技术生产具有竞争力的技术密集型产品,鼓励行业引资和创新。此外,米尔济约耶夫还签署了《促进旅游业加速发展措施纲要》总统令、《2017—2021 年乌兹别克斯坦旅游产业发展规划》等一系列政府文件,重新赋予了旅游业战略产业地位,旨在使旅游业成为促进经济发展和稳定增长的有力工具和助推器,创造更多就业机会。科技和创新发展也是米尔济约耶夫政府重点关注的领域,总统签署命令成立了创新发展部,积极推动创新研究,合理调配现有资源和资金,实现创新技术的转化。

　　第三,进行货币金融改革。为推动经济增长,乌兹别克斯坦实行宽松的货币政策,货币市场利率持续下降,通货膨胀率显著上升。高通货膨胀率导致乌兹别克斯坦经济体系中贷款总量高速增长,本币苏姆不断贬值。为了稳定货币金融市场,乌兹别克斯坦央行开始实行紧缩性货币政策,大幅提高再融资利率。与此同时,央行对货币量也进行了控制。提高基准利率,控制流通中的货币量,成了乌兹别克斯坦央行抑制通货膨

---

　　①　中华人民共和国商务部:《2020 年对外投资合作国别(地区)指南——乌兹别克斯坦》,2020-12-25,https://www.yidaiyilu.gov.cn/zchj/zcfg/159438.htm,2021-6-17。

胀的两大重要举措。乌兹别克斯坦的汇率制度也几经演变,此前一直存在"三种汇率",即官方汇率、交易所汇率和黑市汇率。而且实行强制结汇,这种严厉的外汇管理制度严重影响了投资和出口。2017年9月2日,米尔济约耶夫签署了《货币政策自由化首要实施细则》总统令,全面取消外汇兑换管制政策,实行市场汇率,还允许居民从银行购买外汇现金。汇率市场化改革覆盖了乌兹别克斯坦外汇操作的全流程,对制约外汇自由流动的不利因素进行了修正,有助于形成外汇从商品交易到外汇与本币的结算,再回到银行业体系的良性循环,提升了外汇使用效率。

第四,在促进对外贸易上下功夫。经过独立以来几十年的发展,乌兹别克斯坦的外贸伙伴已经由原来的社会主义国家转为包括西方资本主义国家在内的世界各国。目前,乌兹别克斯坦已经同世界70多个国家建立了经贸关系,其中较大的贸易伙伴为俄罗斯和中亚各国、瑞士、英国、德国、中国、韩国、美国、土耳其、日本等。此外,乌兹别克斯坦还积极加入国际经济贸易合作组织,如国际货币基金组织、世界银行、欧洲复兴开发银行、世贸组织等国际机构和地区性组织。这是乌兹别克斯坦与国际市场接轨,得到外资的重要保障条件之一。乌兹别克斯坦《2017—2021年五个优先发展领域战略》提出要"简化出口手续,推动出口自由化、结构多元化、市场多元化"。为促进出口,米尔济约耶夫签署总统令,宣布除政府规定的商品外,免除所有商品出口关税,取消相关商品出口许可审批制度。现在的乌兹别克斯坦对外贸易领域,已经形成了现代化的外贸基础结构。越来越多非国有企业成为对外经济活动的参与者,在境外设立的贸易公司代表处和合资企业逐年增多。近年来,依靠独立开发或者合资企业生产出来的新产品品种多样,从而实现了出口结构优化的目标。乌兹别克斯坦的高附加值产品在出口总额中所占的份额越来越大,这有利于增强乌兹别克斯坦在对外贸易当中的竞争力以及抵抗风险的能力,有助于赚取更多外汇,支撑政府对外融资以及外贸结算。作为一个具有丰富自然资源的国家,乌兹别克斯坦拥有"四金"。而这"四金"也就构成了乌兹别克斯坦出口产品的三大主要组成部分:农业资源、矿产资源和能源。

第五,新建经济特区,以点带面促发展。2017年之前,乌兹别克斯坦就有3个经济特区:吉扎克、纳沃伊和安格连。2017年,米尔济约耶夫签署总统令,在撒马尔罕州、布哈拉州、费尔干纳和花剌子模州设立了4个新的城市经济特区,分别是乌尔古特、基日杜万、昆卡特和哈扎拉斯。这4个经济特区重点发展农产品深加工、纺织、制药、生态化工、电子、机械等,旨在促进当地社会经济发展和增加就业岗位,通过吸引外国投资建立合资生产企业,定向发展矿产原料和农业食品深加工业,充分挖掘本地区在第二、第三产业和资源领域的潜力。根据"中国—一带一路网"2020年底发布的《2020年对外投资合作国别(地区)指南——乌兹别克斯坦》,乌兹别克斯坦已建有22个自由经济区和80多个小工业区。其中,自由经济区包括9个工业自由经济区、8个制药自由经济区、2个农业自由经济区,以及1个旅游自由经济区、1个物流运输自由经济区和1个运动产品生产自由经济区。[①]

在2022年乌兹别克斯坦出台的《2022—2026年新乌兹别克斯坦发展战略》中,明确了以下重点任务:1. 经济改革方面,

---

① 中华人民共和国商务部:《2020年对外投资合作国别(地区)指南——乌兹别克斯坦》,2020-12-25,https://www.yidaiyilu.gov.cn/zchj/zcfg/159438.htm,2021-6-17。

进一步推动出口导向型经济改革。2. 行政改革方面，主要是公务员制度改革，通过引入关键绩效指标(KPI)制度要求公务员收入和财产进行强制申报；强调干部年轻化、专业化，打破"铁饭碗"；推进电子政务，各个领域都在逐步实现数字化。3. 社会保障方面，重视玛哈拉建设；玛哈拉增加了一些新的职能，包括有权作为担保人获得开办小企业的贷款，有权以低廉的价格将空置建筑物出租给企业家，以创造新的就业机会；出台"社会和物质援助一揽子计划"，为刑满释放人员发放创业津贴，帮助其重返社会。4. 教育体系改革，从学前教育到高等教育，提升教育质量，打击教育系统的腐败，鼓励外国大学开设分校。5. 发展卡拉卡尔帕克斯坦自治共和国；科学治理咸海生态问题，大力推动该地区工业、基础设施、市政建设。6. 社会治理方面，建立预防网络犯罪系统，完善网络攻击监测体系，修改网络犯罪惩罚标准，扩建网络安全基础设施。7. 进一步深化同地区国家间的经济合作，建立边境自由贸易区，加快推进中吉乌铁路项目。

乌兹别克斯坦政府的改革对乌兹别克斯坦，甚至对整个中亚地区的未来都有着极其深远的影响。经济改革是乌兹别克斯坦政府实行全方位改革的核心，是关系到改革成功与否的关键环节。应该说，虽然改革力度和决心都很大，但其并未突破原有的经济运行模式和框架。米尔济约耶夫对旧模式实行大刀阔斧的改革，其关键在于他对稳定和发展两者关系的看法与前任总统有所不同，新总统更加强调发展的迫切性和内外部威胁的可控性。其改革不是对以前模式的否定，而是一种完善和改良，不是盲目的自由化改革，而是全方位的现代化改革。米尔济约耶夫延续了卡里莫夫总统坚定不移地发展市场经济的改革理念，同时又改变了卡里莫夫时期较为闭塞的经济发展风格,出台了一系列扩大对外开放的政策,不断简政放权,赋予市场更多自由度和灵活度,使得乌兹别克斯坦的经济活力进一步从行政命令的束缚中解放出来,经济发展得以继续保持稳定增长。

纵观乌兹别克斯坦独立后两任总统所主导的经济改革,其成功之处在于:首先,改革目标坚定。乌兹别克斯坦的经济体制改革,秉持明确的向市场经济转化的目标,采用强有力的国家调控手段使改革分阶段有条理地进行。在这场改革中,乌兹别克斯坦政府始终以所有制改革为重点,以此来建立混合的多种所有制经济体制。其次,改革措施稳健。乌兹别克斯坦进行经济体制改革主要围绕所有制改革和市场化改革展开,而其改革方式主要采用"渐进式"改革,即分阶段、有步骤地进行改革。最后,改革主体明确。乌兹别克斯坦在进行经济体制改革时始终坚持国家是经济改革的主体。在此原则之下,乌兹别克斯坦的经济体制改革由上至下展开,国家对改革进行了详尽的规划与监督,改革严格按照国家制定的相关政策法规执行,即使在市场经济体系下国家的宏观调控也摆在突出位置,从而保证了发展与稳定的平衡。

回顾乌兹别克斯坦独立后的经济发展轨迹,其经济增长出现了一个明显的动力转换过程:实现了由外需拉动向内需拉动的转换。在 GDP 构成中,国内消费占据绝对的优势地位,私人投资占比呈现波动上升态势,在部分年份对经济增长起到了重要的拉动作用。投资带动生产规模的扩大,从而提高居民的可支配收入,使经济进入了"生产发展—消费增长"的良性循环。可以说,与其他中亚国家相比,在首任总统卡里莫夫的领导下,乌兹别克斯坦的经济增长虽然稳定并且速度较快,但由于其经济的内向性和封闭性,无论是外部投资还是对外举债,对其增长的影响都较小。此外,乌兹别克斯坦经济结构单一,主要依赖天然气、棉花、黄金等初级产品出口,工业基础较为薄弱。由此可见,新政府改革之前乌兹别克斯坦的经济转型已经进入了瓶颈期。新经济增长点的缺失、传统工业生产能力的脆弱和出口产品结构的单一,都使得乌兹别克斯坦经济增长比较缓慢。在这样的经济模式下,无论怎样努力发展与外部的经济联系,都很难实现经济的高速增长,以及产业结构的优化升级,外贸、外资和外债在乌兹别克斯坦经济增长中所起的作用十分有限。因此,重新思考改革与开放的关系,从根本上消除限制开放的制度因素,成了乌兹别克斯坦的必然选择。为此,乌兹别克斯坦加大私有化和自由化的改革力度,调整部门结构和机构设置,强调对外经济合作。新政府的各项改革政策和措施相互配合,确保了改革的持续推进。

然而,在改革过程中确实也暴露出了不少问题,给国家带来了一些风险。

比如行政干预较大。虽然乌兹别克斯坦秉持分阶段有步骤地进行经济体制改革的政策,但是为了保持市场的稳定,乌兹别克斯坦政府仍旧保留着较大的市场控制权,未完全放开物价,将大部分产品的价格限制在一定范围之内。由于国家对市场价格的不合理调控,乌兹别克斯坦的通胀率居高不下,物价上涨难以遏制。在高通胀环境下,政府实施的很多惠民和社会保障措施都收效甚微。工资、退休金、助学金和社会补助标准等提高不久,很快就被高通胀抵消掉了。从目前的情况来看,乌兹别克斯坦央行所采取的包括提高基准利率、缩减流通中的货币量等措施,尚未能够明显地抑制通货膨胀的蔓延,尤其是与居民生活息息相关的食品价格的上涨。未来,高通胀压力可能会成为乌兹别克斯坦经济发展的一个"新常态"。但值得期待的是,随着更多资本进入、生产规模扩大、企业效益提高、居民可支配收入增长,提高的部分物价可能重新被吸收。

比如监管不力。政府在进行项目投资时,常常对规划项目的成本估算不够准确,实施项目时不得不临时追加投资或直接撤资,这就给不法分子提供了漏洞。他们在制订项目计划阶段,人为提高工程量和造价,经常编制虚假预测报告,致使建设工程招标时缺乏竞争性和透明性。同时乌兹别克斯坦的腐败问题比较突出,反腐工作不能切实有效地开展,阻碍了国家经济体制改革的步伐。

比如顶层设计与社会基础脱节。乌兹别克斯坦的经济体制改革主要是依靠行政命令的下达来推行,顶层设计传到民众头脑中时,往往未能引起国民共鸣,改革缺乏必要的思想动员与教育,结果就是虽然改革政策本身并没有太大问题,但广大公民对于改革的积极性却始终不高,未能形成上下合力的局面,甚至出现了不少阻力和矛盾。

对于外资吸引力来说,也存在着一些不利因素。第一,计划经济色彩浓重,与国际接轨程度低,行政审批程序复杂、耗时长,政府官员调整频繁,给外国企业赴乌兹别克斯坦投资造成了一定难度。第二,政令调整频繁,朝令夕改现象普遍。乌兹别克斯坦目前仍处于改革初期,优惠政策层出不穷,但是高层人事调整频繁,人治色彩较重,导致虽然新政频出,但时常与已有政策矛盾,政策缺乏延续性,使投资者很难把握未来政策调整趋势,具有一定的投资不确定性。另外,乌兹别克斯坦法律法规虽相对健全,但某些方面缺乏可操作性,执法者仍具有较大的自由裁量权,不同地(州)政府对国家政策存在不同解读。第三,优惠政策落实落地难。各地经济发展程度不一,官员素质和能力千差万别,一些中央政府出台的优惠政策,在各地落实尺度不一,不利于投资的整体铺开。第四,工业配套基础设施建设落后,政策落地难,多数官员为完成招商引资任务常做出空口承诺,项目启动后多数难以落地,给投资者带来巨大经济损失。第五,政府为解决本国居民就业,对外企用工比例要求较高,建设期项目不受用工比例限制,经营期外企外国员工和当地员工的比例高达1∶20。同时,外企的外籍员工用工成本不断攀升,如无相关优惠,外企每雇用1名持有劳动卡的外籍员工,每年需向当地政府缴纳近2000美元的费用。[①]

乌兹别克斯坦在30年的经济体制改革中既有可圈可点之处,也有亟待解决的问题,但无论如何,独立后的乌兹别克斯坦国民经济在政府的积极作为下发育健康,在保证稳定的基础上继续力行改革,发展前景理应向好。此外,得益于与中亚区域国家高层的频繁交往,乌兹别克斯坦与周边国家诸如跨境水资源利用、国界勘定之类问题开始逐步得到妥善解决,特别是与吉尔吉斯斯坦、塔吉克斯坦的勘界划界工作取得重大进展。另外,乌兹别克斯坦全面积极参与联合国、独联体、上海合作组织等国际组织框架下各类多边、双边合作,取得了显著成绩。此外,社会稳定、居民收入增长也为新政府的可持续性奠定了广泛的物质和群众基础。未来,随着"一带一路"与乌兹别克斯坦发展战略对接取得实质性进展,中亚国家经济合作进一步加强,上海合作组织扩员磨合期平稳过渡,与世界经济联系更加密切,乌兹别克斯坦也将在陆路和海路两个方向突破地缘经济局限,继续扩大经济对外开放,进一步加强内部经济体系改革。

---

① 中华人民共和国商务部:《2020年对外投资合作国别(地区)指南——乌兹别克斯坦》,2020-12-25,https://www.yidaiyilu.gov.cn/zchj/zcfg/159438.htm,2021-6-17。

独立主权国家的对外交往

　　乌兹别克斯坦独立后的对外方针是巩固国家独立,维护国家安全与稳定,发展经贸和交通合作,提高在地区和国际上的地位,奉行大国平衡外交政策。1992 年 7 月,独立不到 1 年的乌兹别克斯坦就获得了世界上 125 个国家的承认,与 40 多个国家建立了外交关系,中国、美国、土耳其、伊朗、法国、德国等在塔什干设立了大使馆。截至 2020 年底,共有 134 个国家同乌兹别克斯坦建交,12 个国家承认乌兹别克斯坦独立但暂未建交。在塔什干有 44 个外国(含欧盟)使馆、1 个总领事馆(阿富汗)、3 个名誉领事馆、21 个国际组织代表处。乌兹别克斯坦在 35 个国家设有大使馆,在纽约、苏黎世和巴黎相关国际组织设有常驻机构,在 10 个国家设有 14 个总领事馆。乌兹别克斯坦是联合国、独联体、欧洲安全与合作组织、伊斯兰会议组织、不结盟运动、上海合作组织、中亚合作组织等国际和地区组织成员,已加入国际货币基金组织、世界银行、欧洲复兴开发银行、亚洲开发银行、伊斯兰银行、亚洲基础设施投资银行等国际金融组织。[1]

　　在乌兹别克斯坦《宪法》中,对国家的对外政策做了如下表述:乌兹别克斯坦是国际关系中享有充分权利的主体,主张各

---

　　[1]　中华人民共和国商务部:《2020 年对外投资合作国别(地区)指南——乌兹别克斯坦》,2020-12-25,https://www.yidaiyilu.gov.cn/zchj/zcfg/159438.htm,2021-6-17。

国主权平等,不使用武力或以武力相威胁,不侵犯疆界,和平解决争端,不干涉别国内政。可以结盟,可以加入国际组织,亦可以根据国家、人民以及安全的利益退出。乌兹别克斯坦领导人不断强调,乌兹别克斯坦实施符合本国利益的积极的、多方位的对外政策,目的是巩固主权、克服经济困难、提高国际威望。其中,经济因素在本国对外政策中处于关键地位。

1996年12月26日,乌兹别克斯坦议会通过《对外政策活动的基本原则》,确定了乌兹别克斯坦开展对外活动时必须遵循的六项基本原则:一是乌兹别克斯坦有权加入国际合作组织或签订国际合作协议,也有权为国家和人民的利益、福祉和安全而退出国际合作机制。二是乌兹别克斯坦愿意同所有国家发展平等互利关系,反对干涉内政、威胁独立和主权,以及将国家或国际关系意识形态化的行为和做法。三是乌兹别克斯坦主张积极参与联合国、欧洲安全与合作组织等国际组织的活动,积极参与欧洲的、亚洲的以及其他国际安全合作机制。四是乌兹别克斯坦将优先发展和参与那些有助于维护国家安全与稳定,有助于推动乌兹别克斯坦信息、技术和基础设施与国际接轨,促进乌兹别克斯坦加强国际经济联系的国际合作机制,包括经济合作机制。五是乌兹别克斯坦不参加国际军事政治组织。如果乌兹别克斯坦已经参与的某国际合作机制转化为军事政治组织的话,则乌兹别克斯坦保留退出该组织的权利。六是乌兹别克斯坦愿意积极参与所有有助于预防和消除地区内外冲突的官方和非官方合作机制。

1997年,卡里莫夫在其专著《临近21世纪的乌兹别克斯坦:安全的威胁、进步的条件和保障》中,指出乌兹别克斯坦和中亚地区正在面临七个主要威胁:一是地区冲突;二是极端主义;三是大国沙文主义和侵略性的民族主义;四是民族矛盾和族际冲突;五是营私舞弊和犯罪;六是地方主义和家族关系;七是生态问题。为消除这些威胁,需要国际合作,在发展对外关系时应遵循以下五项基本原则:一是在尽量照顾相互利益的情况下,民族的、国家的利益要占首要地位;二是平等互利,不干涉别国内政;三是无论意识形态和观点如何,都要真诚合作,把维护和平与安全作为主要任务;四是国际法准则优先于国内立法;五是同时发展双边和多边对外联系。可以说,乌兹别克斯坦与国际社会的一体化是一个全方位的过程,有利于国家安全。

2010 年 1 月 27 日,卡里莫夫总统在议会上下两院联席会议上曾表示:"在当前复杂的地区和世界地缘环境中,乌兹别克斯坦面对的首要问题是维护国家安全与稳定,保证我们这块土地上有和平,解决我们国家和我们的后代将赖以生存的关键复杂问题。"①乌兹别克斯坦外交部将总统的这段话具体细化为国家外交工作的五个方面:一是同世界所有国家全方位发展和巩固平等互利关系,有效利用双边和多边关系,发展和加强乌兹别克斯坦同国际社会的一体化进程,在政治、经济、人文、科技以及其他各领域开展开放的、建设性的国际合作。二是向国际社会阐述和表达乌兹别克斯坦关于地区和国际政治重要问题的看法和主张。比如,建议建设连接中亚和西亚的波斯湾运输走廊,倡导建立中亚五国首脑定期会晤机制和总理级常设理事会,提出解决中亚水资源和跨界河流问题的建议,倡导建立"中亚无核区",等等。三是促进中亚地区的和平与稳定,将中亚变成持续稳定的安全地区。积极解决中亚地区的政治外交和国

---

① 张宁:《乌兹别克斯坦独立后的政治经济发展(1991—2011)》,上海大学出版社 2012 年版,第 174 页。

家法等相关问题,通过预防性外交及时消除政治、社会、经济、民族关系及其他可能引发局势紧张甚至导致冲突的各种不稳定因素。四是为国内深化民主改革和推进社会经济现代发展创造良好的外部环境,努力同世界各国发展经济贸易合作,积极吸引外资和先进技术。五是向国际社会客观、公正、充分地介绍乌兹别克斯坦,宣传乌兹别克斯坦的对内和对外政策,阐释这些政策的基本内容与主旨。

从上述阐述中可以看出,乌兹别克斯坦的对外政策从低到高分为四个层次。第一层次,即最基本任务是确保国家主权、独立、领土完整和政权稳定。第二层次是维护周边稳定,发展同中亚国家关系。第三层次是与中亚地区以外的国家加强合作,特别是加强与俄罗斯、美国、中国、土耳其、伊朗、印度、日本、韩国以及欧洲国家等世界或地区大国之间的关系。第四层次,也就是最高任务是树立国际地位和形象。

这些目标层次与乌兹别克斯坦的历史发展和作为世界上少有的"双重内陆国"这一地缘环境特点有着直接关系。乌兹别克斯坦极其珍视国家主权、独立和领土完整,其本质是维护现政权的稳定。苏联解体后,乌兹别克斯坦虽然实现了正式独立,但内部政治、经济和社会体制等诸多方面需要调整磨合,一些反对派势力和极端恐怖势力还借助外部国际力量,对卡里莫夫政权施压,发动暴力事件,使乌兹别克斯坦国内稳定受到了威胁。因此,乌兹别克斯坦认为,特别有必要积极地向国际社会"客观、公正、充分"地宣传自己,坚决不参加任何军事政治集团,采取一切措施确保自己的主权和独立不受损害。乌兹别克斯坦还将发展同周边国家的关系作为外交的重中之重,把应对中亚邻国的外部威胁作为国家安全战略的主要任务。这是因为:首先,周边国家是保证乌兹别克斯坦自身安全并实现走出去、与外界加强联系的必经之路。如果与周边国家关系紧张，就会造成外部环境相对恶劣、对外交往渠道狭窄且复杂的困难局面，比如货物进出口的过境费用较高、物流成本较大等。其次，周边国家是乌兹别克斯坦抵御或减轻大国影响的天然缓冲带。正是这个独特的缓冲带，使乌兹别克斯坦在判断大国影响、定位与大国的关系、制定针对大国的政策时具有自己的特色。比如俄罗斯与乌兹别克斯坦不接壤，而是与哈萨克斯坦相邻，因此俄罗斯对哈萨克斯坦的影响远比对乌兹别克斯坦更为直接。与此同时，阿富汗和塔吉克斯坦与乌兹别克斯坦接壤，与哈萨克斯坦不接壤，因此乌兹别克斯坦遭受的极端主义、恐怖主义以及有组织跨国犯罪的威胁远比哈萨克斯坦大。

作为一个双重内陆国，水资源对乌兹别克斯坦的影响巨大，因此它对中亚水资源问题尤为重视。缺水会引起农业灌溉不足、咸海生态恶化、土壤盐碱化加剧、农作物减产等影响国家发展的经济、社会和生态危机，更为重要的是，水资源关系到整个中亚地区人民的生存安全和生活质量，绝不仅仅是乌兹别克斯坦一国的事务。而且今后中亚地区的水资源将会越来越短缺，原因主要有三个：一是随着全球气候变暖，高山上的雪量会持续减少，融雪量也就会随之减少，与此同时内陆平原和沙漠地区的水蒸发量却会大幅增加；二是随着经济发展、人口增长和居民生活水平的提高，工业和居民用水量将不断增加；三是由于技术设备老化和科技含量低，水污染和浪费现象愈加严重。

基于此，乌兹别克斯坦提出解决中亚地区水资源分配问题的四项基本原则：第一，上下游共同管理原则。在乌兹别克斯坦看来，水不是商品，不能用来买卖，更不能将水资源作为威胁下游国家的工具。水与石油、天然气等能源的不同之处在于，水属于自然资源,无须人类劳动,因此不具有价值,而能源的开采需要大量人工和技术设备。另外,河流一般都流经多国,而油气则通常储藏于一国境内。尽管水资源是上游国家电力的主要来源,但这并不意味着水利设施所有者可以不考虑其他相关国家的利益,而任意使用和放水,造成下游国家的灌溉、生产和生活用水不规律。所以,水资源应由上下游共同管理,而不能仅由上游国家控制。第二,综合平衡原则。水量调节应根据全流域多年的水文资料进行,并考虑气候变化和地区经济社会发展等因素,以此保障水资源合理利用,而不能在短期内任意调节。上游国家在开发利用水资源时,既要充分顾及下游国家的经济社会利益,还应考虑流域内的生态安全,实现可持续利用。第三,补偿原则。上游国家的水电开发应考虑下游所有与水资源有关的各方利益,并根据实际遭受的损失程度给予补偿,即事后补偿,反对采取提前付费的办法。第四,公开透明原则。流域内所有相关国家的水资源开发利用材料都应该公开,特别是水电方面的材料,如电力价格等。目前还存在一些数据材料经常变换的情况,使相关国家无法准确分析和客观判断流域情况。

针对上游塔吉克斯坦和吉尔吉斯斯坦希望修建水电站的强烈要求,乌兹别克斯坦的态度大致可以概括为以下几点:

第一,中亚地区的水资源分配与能源生产并不绝对挂钩。尽管能源生产是上游塔、吉两国的重要经济支柱之一,但如果修建水电站的目的仅是增加国家收入、保证工业生产,而不是控制下游国家生存命脉的话,那么上游国家与其花费巨资和较长周期修建水电站,不如拿这些资金改善现有企业的生产经营状况,发展加工工业和服务业,这样既可以获得经济效益、带动就业,还可以改善经济结构,防止国家经济过分依赖水电产业。

　　第二,增加能源产量的方法有很多,比如提高用电缴费水平、打击窃电、推广节能等,这些措施都可以达到提高用电效率、减少能源耗费的效果。相比之下,修建水电站资金需求量大、建设周期长,在本国经济实力不足的情况下,必然还需要寻求外部世界的帮助,反而不是最佳方式。

　　第三,乌兹别克斯坦主要反对的是上游国家修建大型水利设施,因为大型水电站蓄水量大、截流时间长、水量控制能力强,所以对下游国家的影响较大。但对于选址灵活、见效快、资金需求量相对较小的小型水电站,乌兹别克斯坦并不反对。

　　第四,如果上游国家要修建大型水利设施,建造之前必须出具与流域国家无直接利害关系的第三方独立评估机构提供的可行性报告。评估报告应对修建水利设施的综合影响进行全面评估,既包括经济社会效益,也包括生态安全,这样的报告才足够权威和公正,有说服力。

　　第五,上游国家修建水电站不得减少下游国家的现有用水量,不得引发下游严重的生态灾难。也就是说,一国的发展必须考虑其他相关国家的利益,决不能以牺牲他国利益为代价。

　　第六,考虑到上游塔、吉两国的现实能源需求及其支付能力,乌兹别克斯坦同意水利调节与相应的发电能力挂钩,而不是与化石性发电原材料挂钩。过去的实践表明,上游国家往往因拖欠发电原材料款而被下游国家断供,从而使已经签署的能源合作协议无法执行。为此,乌兹别克斯坦建议今后不再提供重油、天然气和煤炭等发电原料供上游国家电站使用,而是根据上游国家减少的放水量所能够产生的发电量,由下游国家提供相应数量的电力补足。

　　第七,改革中亚地区现有的水资源合作机制,成立中亚地区水电论坛,来取代现有的水电跨国协调委员会。因为后者的参与者只有水利和电力部门,远不能全面代表各个利害相关方的利益,所以应该扩大参与成员的数量,凡是与流域水资源有关的部门和群体均有资格参与该论坛,表达自己的立场和观点。

水资源问题是引发中亚国家之间矛盾的重要根源之一,尽管目前上下游国家并未就水资源分配问题直接动武,但围绕该问题的斗争从来没有停止过,而且可能会因为资源的紧缺越来越激烈。相信只有在命运共同体的观念引领下,以互利共赢为原则,才能更好地解决相关问题。

2012 年 8 月 30 日,乌兹别克斯坦新《外交政策构想》正式生效,该构想由卡里莫夫总统提议制定,目的在于进一步完善乌兹别克斯坦的对外政策,使乌兹别克斯坦能够及时、恰当地应对地区性和全球性挑战与威胁,维护国家安全。该构想的主要内容有:一是保护和实现乌兹别克斯坦在国际舞台上的国家利益是乌兹别克斯坦对外政策的理论基础。二是乌兹别克斯坦将遵循国家、人民及其福祉和安全的最高利益,保留加入及退出联盟、联合体及其他国际组织的权利。一体化不能自外部强加于乌兹别克斯坦,不应有损国家的自由、独立和领土完整。乌兹别克斯坦实施和平外交政策,不参加军事政治集团,保留在任何国家间组织转变为军事政治集团的情况下退出该组织的权利。乌兹别克斯坦采取政治、经济和其他措施,防止卷入周边国家的武装冲突和紧张局势,不允许在本国领土上设立外国军事基地和设施,不参加境外维和行动。三是乌兹别克斯坦对外政策的最优先方向为与乌兹别克斯坦利益休戚相关的中亚地区,重点任务是保障本地区的安全和稳定,缓和阿富汗局势,解决跨界水资源利用问题和保障生态的可持续性。

米尔济约耶夫总统执政以来,乌兹别克斯坦推行积极的睦

邻友好政策,与其他中亚国家的互信不断增强,倡导地区国家
开展更为广泛的合作,搭建中亚五国共同参与的多边平台,解
决地区国家之间的矛盾和分歧,共同应对阿富汗等地区热点与
外部环境变化带来的挑战,取得了显著成效,受到了国际社会
的广泛赞誉。

2017 年,米尔济约耶夫在第 72 届联合国大会上发言表示,
当前,中亚地区是乌兹别克斯坦外交政策的最优先方向。作为
地处中亚腹地的国家,中亚地区的稳定、睦邻和可持续发展与
乌兹别克斯坦直接相关,建设一个和平、繁荣的中亚是乌兹别
克斯坦最重要的目标和中心任务。乌兹别克斯坦将坚定地通
过对话、建设性的互利合作和加强睦邻友好来发展与地区其他
国家间的关系,准备采取合理妥协的方式与中亚国家解决所有
地区问题。米尔济约耶夫指出,得益于地区国家的共同努力,
近期以来,中亚各国的政治互信水平显著提高,很多问题找到
了解决途径。2017 年 9 月初,乌兹别克斯坦与吉尔吉斯斯坦签
署了边界条约,这是中亚地区的一件大事,是中亚国家独立 26
年来首次就解决如此敏感的问题找到突破口,这归功于相关地
区和国家有着寻找彼此可接受的解决问题方式的政治意愿。
可以说,中亚地区已经建立起了全新的政治氛围。

2018 年 3 月,中亚国家领导人工作会晤在哈萨克斯坦首都
努尔苏丹举行。与会各国领导人就经贸合作、水资源利用、地
区安全、文化交流等议题进行了广泛交流并达成一致意见。举
行中亚国家领导人非正式会晤的倡议正是乌兹别克斯坦总统
米尔济约耶夫在 2017 年 9 月提出的,当时就得到了哈萨克斯
坦总统纳扎尔巴耶夫的支持,并建议将努尔苏丹作为首次会晤
地点。在没有地区外国家领导人和国际组织代表参会的情况
下,这次工作会议是中亚国家领导人 10 余年来首次单独会晤。

参加会晤的有哈萨克斯坦总统纳扎尔巴耶夫、吉尔吉斯斯坦总统热恩别科夫、塔吉克斯坦总统拉赫蒙、乌兹别克斯坦总统米尔济约耶夫，土库曼斯坦总统别尔德穆哈梅多夫因中东之行未能与会，由议会议长努尔别尔德耶娃代为参会。与会各国领导人一致同意将五国首脑工作会晤机制化，第二次会晤于 2019 年在乌兹别克斯坦首都塔什干举行。可以说，乌兹别克斯坦的这一倡议为中亚国家之间探索新的地区合作模式创造了良好条件。

与此同时，乌兹别克斯坦的邻国外交也卓有成效。2018 年 8 月 17 日，塔吉克斯坦总统拉赫蒙应邀访问乌兹别克斯坦，这是 20 年来拉赫蒙第一次访问乌兹别克斯坦。两国元首签署了一系列文件，包括战略伙伴关系协议、划界协定等重要文件，讨论了罗贡水电站问题，两国企业家签署了超过 40 份经贸与投资合同，价值 2 亿多美元。同年 8 月 24 日，米尔济约耶夫总统出席了在土库曼斯坦举行的拯救咸海基金会成员国首脑峰会，两国总统就政治、经贸、工业、文化等领域的合作广泛交流了意见。9 月 3 日，米尔济约耶夫总统接受吉尔吉斯斯坦总统热恩别科夫邀请，以主席国贵宾身份率政府代表团访问吉乔尔蓬阿塔市，并出席第六届突厥语国家合作委员会元首峰会。

此外，根据米尔济约耶夫总统在联合国大会发言中提出的倡议，2017 年 11 月在乌兹别克斯坦撒马尔罕市召开了联合国主导下的中亚安全与发展国际会议。会议主题是"中亚：共话历史，同享未来，为可持续发展与繁荣而合作"。联合国秘书长政治事务助理延恰、中亚各国外长以及来自伊朗、阿富汗、上海合作组织、欧安组织等国家和组织的超过 500 名代表参加会议。根据会议成果，向联合国大会提交了关于支持中亚国家加强安全保障和地区合作的特别决议，该决议被浓缩为加强地区合作的"撒马尔罕共识"。米尔济约耶夫总统在会议开幕式的致辞中表示,乌兹别克斯坦支持中亚各国尽快解决现有分歧、增进互信,这有助于繁荣中亚地区经济发展和稳定。他表示,乌兹别克斯坦正积极与周边国家加强全面合作,经贸、人文交流、交通运输等领域的合作进展迅速。2019年2月,中亚安全经济合作会议在乌兹别克斯坦首都塔什干开幕,与会者就地区安全、经贸发展、物流运输和生态保护等话题展开讨论和交换意见。会议以"中亚互联互通:挑战与新机遇"为主题,来自哈萨克斯坦、吉尔吉斯斯坦、塔吉克斯坦、乌兹别克斯坦和土库曼斯坦等中亚五国和中国、俄罗斯、美国、土耳其、伊朗等近40个国家的140多名专家与会。乌兹别克斯坦外长卡米洛夫在会议开幕式上发言说,加强区域合作有利于中亚发展成为一个稳定繁荣的地区,成为一个可信赖的伙伴。

近年来,在米尔济约耶夫总统的领导下,乌兹别克斯坦进行了全方位的改革,除了努力实现经济的自由化和政治的现代化,在外交领域也出现了一系列新的变化和调整:首先是外交的灵活性增加,在维持与传统友好国家合作的同时,积极与各国改善和发展关系;其次是重视与地区国家的合作关系,优先解决困扰地区合作与安全的复杂问题,以对话和相互妥协的方式和平解决争端;再次是加强与联合国等有威望的国际组织以及大国的合作,提升乌兹别克斯坦的国际地位,为乌兹别克斯坦争取更大的外交舞台和更多的资金支持;最后是推行经济外交,发挥地缘优势,为国内经济发展创造良好的环境,在国际经济体系中寻找合适定位。值得一提的是,米尔济约耶夫总统特别重视与大国的关系,继续在大国之间奉行平衡的政策,当选总统以来,每年都要出访一些全球和地区大国,其中美国、俄罗斯、中国、欧洲大国、印度、土耳其被其视为重要伙伴。

总的来看,乌兹别克斯坦新的外交政策取得了重要进展并且得到国际社会的肯定。作为在中亚地区举足轻重的国家,乌兹别克斯坦在独立以来一直坚持独立自主的外交政策,不屈从于外部压力,以符合本国利益和国情为前提,同世界各国开展友好合作与对话,奉行爱好和平的全方位外交政策,同时又明确自己的优先方向,重视与大国、邻国构建稳定的关系。如今在新总统的主导下,乌兹别克斯坦顺应国内改革的呼声和时代发展的要求,在外交领域积极作为,体现出了鲜明的特色,为国际社会的和谐发展提供了新路径、新思路。

历经改革的国民教育

乌兹别克斯坦的教育史可以追溯到 1000 多年以前。8 世纪出现了宗教学校,由清真寺的阿訇教授学生学习伊斯兰教经文。在相当长的时期里,绝大多数公民都没有受教育的权利和机会。十月革命之后,乌兹别克斯坦大力发展教育事业,开始在全国范围内开展扫盲工作,取得了巨大成就。1918 年成立了边区人民教育委员会,1920 年成立了国立土尔克斯坦大学(即塔什干大学的前身),1921 年成立了学前教育物质保障委员会,1956 年基本完成了普及七年义务教育的工作。到 1990 年,乌兹别克斯坦境内已有 44 所高等院校,在校学生人数达到 33.1 万余名,在全国人口中每 1 万人平均就有在校大学生 163 人、毕业生 24 人,这个比重不仅超过了发展中国家,甚至还超过了西方一些发达国家。[①]

从 20 世纪 90 年代开始,乌兹别克斯坦开启了本国的教育体制改革之路。在曾经高度集中的苏联式政治经济体制瓦解之后,乌兹别克斯坦虽然获得了独立,但是也面临着国内经济社会转型重建和全球化浪潮席卷而来的双重冲击。在教育领域,政府需要解决的难点主要是以下两个:一是原先加盟共和国时期庞大的免费教育体系与独立后的国家经济发展现状严

---

① 孙壮志、苏畅、吴宏伟:《乌兹别克斯坦》,社会科学文献出版社 2016 年版,第 199 页。

重不符,大量原本附属于各类工厂和企业的学前教育机构关闭,高等院校的招生名额也大大减少;二是新的发展催生出了全新的知识和行业领域,而原有学校无论是在学科专业还是在人才培养体系上都无法满足新时代的要求。另外,不断增长的国内人口数量也给教育事业的发展造成了很大负担,改革势在必行。

根据国家人才培养纲要,乌兹别克斯坦的教育体制可以分为以下几个层次:学前教育、初等教育、中等教育和高等教育。乌兹别克斯坦政府为发展教育投入了相当多的资金,相当于GDP 的 10%—12%,甚至超过了一些发达国家,可见国家对教育的重视程度,也正是因此,截至 2011 年,乌兹别克斯坦民众的识字率达到了 99.4%。目前,乌兹别克斯坦正在致力于实现教育体系现代化,国内实行 11 年义务教育制度,同时特别注重职业学校和专业学校的建设工作,积极回应经济部门专业化发展对人才培养的现实需求。

乌兹别克斯坦独立后,政府在教育领域进行了多项改革。比如,建立家庭幼儿园和"幼儿园—中学"综合体,新建培养孩子艺术、音乐、外语和基础计算机等能力的课外专门培养班;开设私立学校和西式中学,加快建设新的中等专业学校和高等院校;改革中等专业学校,增加职业学校和成人教育机构,专门为成人设置商业、金融、税务等专业,甚至为农场主开设一些有助于提高其工作能力的课程;为增强学生对市场经济的兴趣,培养学生的独立性和企业管理能力、市场运作思维,修订学校课程内容,将历史、地理、文学等课程变成辅修课;学生从小学阶段开始用拉丁字母学习乌兹别克语;把提高国民外语水平作为教育改革的一项重要任务,增加外国文学、艺术、宗教和民俗在校内的教学内容。

1997—2004 年是乌兹别克斯坦教育改革的第二阶段。首先是教学大纲的改革。中学可以选择适合本校和教师教学特点的教学内容，形式更加灵活。在教学过程中，积极开发学生的天分，强调个人在社会中所起的作用，同时还加强了对本民族文化和历史的教育。新建更多的私立学校和职业学校，且切实提高此类学校的教学质量。

2004 年以后，教育改革进入了全新的发展阶段，为保证教育改革的顺利实施，乌兹别克斯坦政府采取了一系列措施。

首先，为了更加有序地推进改革，提高改革实效，政府先后出台了《乌兹别克斯坦共和国教育法》和《国家人才培养方案》，明确指出了教育在国家政策中的优先地位，提出了教育改革的发展战略、重点方向和具体要求。此举规范了教育领域的法律法规体系，从立法层面为国家的人才培养体系改革提供了法律依据。2017 年，米尔济约耶夫总统提出了《2017—2021 年五个优先发展领域战略》，其中特别提到教育将是未来国家发展的一大优先领域，强调了教育改革的紧迫性和必要性，使乌兹别克斯坦的国民教育迎来了崭新的发展机遇。

其次，采用内阁领导下的多部门合作协同方式，力求实现人才培养与国家改革、市场需求的零距离对接。乌兹别克斯坦的教育改革是由内阁领导的，其他多个主管教育的政府部门，如公共教育部、高等和中等职业教育部等，负责制定各类教育政策和法规，进行教育规划、管理各级各类教育机构、组织教师培训等。尤其值得一提的是，乌兹别克斯坦的教育改革始终与国家经济社会的发展需求高度一致，政府部门会按照国家经济发展的现状来动态调整各级教育机构的培养方案和人才培养目标，并给予相关的支持保障。比如，2017 年和 2018 年，乌兹别克斯坦政府相继出台了《关于进一步完善高等教育机构录取制度的措施》《关于从根本上改进学前教育管理的措施》《关于改进共和国本科院校入学测试程序》和《关于提高高等教育机构教育质量和确保其积极参与国家实施大规模改革的措施》等文件,各层级教育机构都为了适应国家的"国际化"改革方向对自身的教学活动进行了相应调整。

再次,保证教育体系内部的连续性,以多种形式促进教育公平的实现。乌兹别克斯坦实行传统的"初级—中级—高级"三级教育体系,在各个阶段的人才培养目标制定和实施上都要求遵循连续性和可发展性的原则。在此基础上,国家秉持开放的发展思维,积极吸引外国教育投资,鼓励私立教育机构的发展,坚持精英教育和大众教育相结合,最终推进全民终身教育计划。具体的改革路径包括:实施义务教育制度,通过普及基础教育进一步提高全体公民的整体识字率;继续稳步推进职业教育体系建设,使其在满足国家发展需求的同时符合当代青年的职业发展方向;改进高等院校招生录取方式,使公费和自费入学相结合,以提升公民的高等教育水平;尽可能地丰富非学历教育的形式,为公民提供更为多元的终身学习机会;进一步探索发展学前教育的创新模式。

由此可见,乌兹别克斯坦针对各个教育阶段的现状和发展特点,都部署了全方位的改革,采取了相应的措施。

学前教育是乌兹别克斯坦连续教育体系中的第一个阶段,主要是为 7 周岁以内的幼儿提供照顾和教育启蒙。在苏联时期,学前教育机构一般都附属于国有企业和工厂。独立之后,乌兹别克斯坦的学前教育机构数量一度急剧下降,入托人数明显减少,主要原因有国有经济衰退、国家财政经费紧张、居民收入减少、幼教人才不足等。而这个问题在农村地区显得更为严重。为了改变这一现状,从 2008 年开始,乌兹别克斯坦公共教育部主动寻求与世界儿童基金会展开合作,先后在国内建成了多所"幼儿园综合体"。综合体实际上是一个基于家庭学前教育的组织,包含早期幼儿成长机构、幼儿短期停留小组、社区指导下的学前教育组织等,有利于缓解目前学前教育机构不足的困境。随着 2017 年和 2018 年米尔济约耶夫颁布多项学前教育领域的总统令,包括《关于从根本上改进学前教育管理的措施》(2017 年 9 月)、《关于 2018 年学前教育机构建设、改造和重建方案》(2018 年 7 月)和《关于改善国家学前教育机构某些类别雇员工资条件的措施》(2018 年 10 月),乌兹别克斯坦通过政府财政专项拨款的方式,为学前教育机构的建设提供了资金保障,并逐步提高学前教育从业人员的工资待遇,进一步拓展了学前教育的覆盖面,吸引了一批高素质人才,尤其是年轻人从事幼儿教育工作。不过就目前的发展状况来看,乌兹别克斯坦现有的学前教育机构在空间分布上仍然非常不均衡,50%以上集中在经济发达地区,且由于缺乏相关的国家质量标准和监督检查机制,许多机构在师资配备、课程设置、硬件环境、食品安全、卫生保障等方面都存在一定问题,教学质量参差不齐。

2019 年 5 月 8 日,乌兹别克斯坦发布了一项学前教育领域的重要文件,即《关于批准〈乌兹别克斯坦共和国 2030 年学前教育体系发展构想〉的决议》,对健全监督框架、促进资源合理分配、完善教育管理体系、引入先进教学资源、编写高质量教材、建立教师考核制度、提高特殊幼儿护理水平等 7 个学前教育优先发展方向进行了论述。决议指出,到 2030 年乌兹别克斯坦国内的学前教育覆盖率将由目前的 38.1%提升到80.8%,其中要特别关注偏远地区的学前教育发展水平。这项决议可以说是乌兹别克斯坦学前教育体系未来 10 年的发展指南,以及这一领域实施各种改革措施的重要依据。

乌兹别克斯坦的初、中等教育体系内部曾发生过多次改革。独立初期,政府为了降低教育成本将义务教育年限规定为9年。随后《国家人才培养方案》出台,规定中等专业和职业教育是基础教育的一部分。根据该文件,乌兹别克斯坦的完全基础教育由初等教育(1—4年级)、普通中等教育(5—9年级)、高级中等专业和职业教育(10—12年级)3个阶段构成。2017年,为了繁荣劳动力市场,集中力量提升中等教育的办学质量,政府将高级中等专业和职业教育的学习年限从3年减少至2年,从此乌兹别克斯坦的义务教育阶段变为11年。

近20年间,乌兹别克斯坦的基础教育事业得到了较大发展,主要表现在:一方面,基础教育实行免费制度,覆盖面广、普及率高,学校的地域分布较为均衡合理。从2013年开始,提供基础教育的学校基础设施得到极大提升,新建了很多学校,且都配备了较为现代化的教学设施。另一方面,高级中等专业和职业教育系统不断有新的发展。乌兹别克斯坦高级中等专业和职业教育按照学生未来的发展方向可以分成两种类型:学术高中和职业高中。学术高中以学术为导向,以高素质科学研究与技术创新能力培养为主要任务,面向较为宽泛的学术领域,毕业后学生以继续求学深造为主。职业高中则主要注重学生对某些专门领域的深入学习和研究,学生在毕业后可以自愿选择继续升入大学学习或者直接就业。值得一提的是,现代职业学校不再是以培养学徒为目标,而是希望学生能够掌握某一领域的职业技能、计算机技能、外语和基础科学理论知识等。目前,乌兹别克斯坦已经在全国范围内形成了职业学校和技能培训网络,很多机构都可以提供不同形式的中等职业教育。

塔什干市的一所中学

　　自乌兹别克斯坦独立以来,国家高等教育体系的方方面面也都经历了不少变革,主要包括:院校区域分布、招生录取制度、人才培养模式、课程设置、学历认定标准等。在独立以前,乌兹别克斯坦高等院校大多聚集在撒马尔罕、塔什干、努库斯等传统政治经济核心地区,全国几乎有一半的高校位于首都塔什干。独立之后,乌兹别克斯坦政府花大力气布局全国高等教育网络,鼓励国内高校在全国多地开设分校。此外,国家还放宽教育机构准入机制,一方面积极引导发展非国有制高等教育形式,另一方面主动吸引国外高校在乌兹别克斯坦设立分校。2019年2月,乌兹别克斯坦第一所私立高校阿克法(AKFA)大学建立,并开始面向国内外招生。俄罗斯经济大学、莫斯科国立大学、俄罗斯石油天然气大学、新加坡管理发展研究院、意大利都灵理工大学、韩国仁荷大学等国外高校也陆续在乌兹别克斯坦设立了分校,这些学校在招生录取和课程设置等方面都享有绝对的自主权。可以说,乌兹别克斯坦目前已基本实现了高等院校在空间上的合理分布,建立起了多种类型并存的高等教育机构格局,但是国内私立高校和外国大学分校受各方面因素制约,尚未成为乌兹别克斯坦高等教育市场中的主要参与者,仍有待发展。

保证公民享有接受高等教育的公平权利是乌兹别克斯坦政府一直在为之努力的奋斗目标。为此,从 1993 年起,乌兹别克斯坦国内就开始尝试使用基于多项选择题的新型考试系统和自动评分系统,1994 年之后该系统被除艺术类和体育类以外的其他高校正式采用。这种新的考试系统可以在一定程度上降低试题的主观性,避免考试腐败发生,但是高等教育录取率低的问题仍然没有得到缓解。2019 年,乌兹别克斯坦对高考报考形式做出了相应改变。此前参加高考的中学毕业生只能报考一所高校的一个专业,而从 2020 年开始所有学生都将有机会向多所高等院校递交入学申请,此举将有效改善高等院校录取名额浪费的问题。另外,乌兹别克斯坦政府也在积极推动学位制度的改革。从 2001 年开始,乌兹别克斯坦将原本的五年制学位课程改革为四年制学士学位和两年制硕士学位课程,力求与国际接轨。夜校制和函授制的学习方式也逐渐被社会淘汰,全日制高校在校生总量显著上升。

在国际全民教育潮流和终身学习理念的带动下,非学历教育也越来越得到乌兹别克斯坦民众的青睐。2004 年,乌兹别克斯坦政府颁布了《国家全民教育纲要》,国内开始出现为成人提供服务的非学历教育培训机构,不少私营企业、非政府组织、专业学院等也纷纷开设了各类短期职业培训课程,部分高等院校也开展了面向成人的教育培训项目。这类机构大多位于大城市,主要是满足公民对职业培训的需求,还有对成人拉丁字母的培训、组织管理技能培训等。此外,在联合国教科文组织的帮助和指导下,乌兹别克斯坦政府建立了"社区学习中心",并成功推进了乡村和偏远地区的成人终身教育进程。除成人教育以外,乌兹别克斯坦的非学历教育还专注于为学龄儿童提供培养各种创造性能力的课外培训,如音乐舞蹈、缝纫编织、木工机械、语言和历史文化等方面的专业技能。就目前情况来看,乌兹别克斯坦国内市场对成人和儿童的非学历教育有着较大需求,但是政府的法律法规尚未对该领域的经营和教学活动进行过多的规范化管理,所以建立健全相应的规章制度来约束非学历教育机构的行为是乌兹别克斯坦政府接下来需要尽快解决的问题。

总体来说,乌兹别克斯坦独立以来的国民教育改革是在"苏联遗产"的基础上进行的,在当今世界经济全球化浪潮席卷而来的大背景下,乌兹别克斯坦的教育体制也正在快速地向国际标准靠拢,逐渐变得更具有开放性。但与此同时,教育对国民经济贡献率低、教育机构人力资本质量相对不高、教育管理结构僵化、教职员工发展动力不足、国际合作与协同办学机制尚不完善、各种教育类型的质量标准有待进一步健全、教育资源结构性浪费严重等问题仍然比较突出,有待在今后的改革与发展过程中加以克服。

语言也是一种国家实力

　　"语言与国家",这是一个既古老又新鲜的重要话题。说其古老,是因为语言与国家本来就不可分割。特别是在民族国家兴起的过程中,语言扮演了十分重要的角色,它是立国的核心要素,是政治斗争的重要工具和旗号。而在建国之后,执政者一般都力推语言统一,推广国家语言,彰显语言的国家标记功能,借以强化国家认同,塑造国家形象,实施国家治理,有的甚至还用以对外征服。说其新鲜,是因为在当今世界,语言与国家的关系已经发生了前所未有的深刻变化,语言不再是过去的简单概念,其内涵不断丰富,功能不断拓展,价值不断提升,对于国家治理、发展和安全的重要作用远非过去所能相比。国家语言能力对于提升综合国力的重要作用日益增强,已经成为国家实力的重要组成部分。毫不夸张地说,国家语言能力不仅是软实力,也已经成为一种硬实力。目前世界各国都面临着许多新的而且十分重要的语言问题、机遇与挑战,都亟待准确研判和有效应对,这已经成了事关国家战略大局和发展全局的重大课题。

　　乌兹别克斯坦共有 134 个民族,民族构成复杂。① 随着乌兹别克斯坦人口比例变化、语言政策演变,受政治、经济等多方

---

　　①　中华人民共和国商务部:《2020 年对外投资合作国别(地区)指南——乌兹别克斯坦》,2020-12-25,https://www.yidaiyilu.gov.cn/zchj/zcfg/159438.htm,2021-06-17。

面因素影响,乌兹别克斯坦的语言状况较为复杂,是一个多语言国家。由于受政治、经济、历史文化等多方面因素影响,乌兹别克语和俄语是乌兹别克斯坦当前最具影响力的语言。而受益于乌兹别克斯坦各民族平等的原则和对多元文化开放包容的心态,塔吉克语、卡拉卡尔帕克语、鞑靼语等少数民族语言也得以在乌兹别克斯坦生存。此外,为了尽快与国际接轨,英语、汉语等外语也在乌兹别克斯坦广泛使用和传播。多种语言共同组成了乌兹别克斯坦丰富的语言面貌。

作为苏联的加盟共和国,在苏联时期,乌兹别克苏维埃社会主义共和国的语言政策是在苏联的统一安排指导下制定的,其间也经历了一个不断发展演变的过程。而在苏联解体、乌兹别克斯坦成为独立的国家之后,乌兹别克斯坦从本国的实际情况出发,对原有的语言政策进行了调整,形成了本国全新的语言政策。

苏维埃政权建立之初,外部面临着来自帝国主义国家的严重威胁,内部同样存在很多不稳定因素,可以说是内忧外患并存,维护政权的稳定是当时的主要任务。而语言对于维护政权稳定非常重要,所以列宁和布尔什维克对各民族的民族文化和语言发展非常重视。在成立初期,苏联坚持各民族的语言一律平等政策,对各民族语言给予充分的尊重。这一政策的实行实际上否定了沙皇时期所采取的强制推行俄语的政策,有效防止了俄罗斯至上思想的产生,也有利于团结各加盟共和国,维护政权稳定,同时符合布尔什维克建设新型的公正合理的国家这一思想。为了使各民族语言平等的政策能够得到真正落实,苏联在一系列会议和文件当中都对此做出了规定。早在苏联成立之前的 1921 年 3 月,在俄共(布)十大会议上就明确提出各民族可以自主选择本民族的语言,而俄语则

仅作为不同民族之间的族际通用语使用。苏联建立之后于
1924 年推出的第一部宪法当中明确规定,联盟的各种法律和
决定都要用各加盟共和国通用的各种文字进行印刷发布,再次
强化了各民族语言的平等地位。然而,各民族语言平等的政策
随着苏维埃政权的不断稳固并没有得到延续。为了使苏联向
更高阶段——共产主义发展阶段迈进,苏联抛弃了前期实行的
各民族语言平等政策,开始逐渐实行文化垄断。一方面是推动
各民族文字的俄文化发展,将许多民族使用的文字改为基里尔
文;另一方面是实现教学的俄语化发展,要求学校从一年级开
始就要开设俄语课。而在此之前学校一年级采用民族语言进
行授课,二、三年级才开设俄语课。这些政策的实施使俄语在
各加盟共和国的地位得到了明显提高,而民族语言的地位则严
重下降。

　　十月革命前,乌兹别克民族主要使用以阿拉伯字母为基础
的文字;十月革命后,关于乌兹别克文字改革的问题引发了积
极讨论。1926 年在第一届巴库突厥学大会上通过了关于将苏
联境内所有突厥语族语言转为拉丁字母书写的决议,但这一决
议直至 1930 年才获得实质性实施。不过,向新字母的过渡相
对而言较为简单,因为所涉及地区的大多数人文化程度较低,
只需从零开始学习拉丁化的乌兹别克文字。但乌兹别克文字
拉丁化决议的"寿命"非常短暂。仅仅 10 年后,也就是 1940 年
5 月 8 日,乌兹别克苏维埃社会主义共和国第三次大会上通过
了改用基里尔字母的法律。乌兹别克斯坦独立后,1993 年 9 月
2 日,首任总统卡里莫夫签署了《关于推行基于拉丁字母的乌兹
别克语字母表》的法令。同日,该国第 12 届最高苏维埃第 13
次会议通过《〈关于实行以拉丁字母为基础的乌兹别克语字母
表〉实施办法的决议》,下令将乌兹别克语从基里尔字母过渡至

拉丁字母,要求在 2000 年前完成字母转换工作,后来又一再延期至 2015 年。而实际上,拉丁字母与基里尔字母至今仍在乌兹别克斯坦同时存在。此外,无论是基里尔字母还是拉丁字母书写的乌兹别克语的文本,通常还备有俄语版本。在日常生活中,两种字母也经常同时出现,电视节目和大部分网站同时采用两种字母。政府机构官网的栏目标题往往是拉丁文,而栏目下的内容却是基里尔文字。

Добро пожаловать	Хуш Келибсиз!	热烈欢迎
Входите	Киринг	请进
С Новым Годом	Янги Ийлингиз Билан	新年快乐
Хорошо, что Вы приехали	Келиб джуда яхши килибсиз	您能来,真好
Я к вашим услугам	Мен сизнинг хизматингизга тайёрман	我随时为您服务
Как Вас зовут?	Исмингиз нима?	您叫什么名字?
Минуточку	Бир дакика	请稍等
Ваше лицо кажется мне знакомым	Менга таниш куриняпсиз	我觉得您看起来很面熟

俄语(第一列)、乌兹别克语(第二列)与中文(第三列)对照

在苏联发展的初期,乌兹别克苏维埃社会主义共和国采取的政策是同时鼓励本民族语言和俄语的发展,所以二者都得到了广泛的使用和传播,应用于政治、经济、生活等不同的领域。但是,在卫国战争期间,苏联将大量人口和企业迁移至中亚地区,导致俄语在中亚地区快速发展,而包括乌兹别克语在内的中亚民族语言则受到了严重的损害。基于此,乌兹别克苏维埃社会主义共和国政府从保护本民族语言的角度出发,于 1989 年通过了《国语法》,以法律的形式授予乌兹别克语唯一的官方语言地位,并将俄语的地位明确为族际交际语。这是乌兹别克历史上第一部国家语言法,也是乌兹别克国家建设进程中的重

要分水岭。制定这部法律的主要目的在于提升乌兹别克族作为国家主体民族的地位。因此,法律关注的重点在于乌兹别克语和俄语的地位、使用范围问题,而非语言本身作为交际工具的功用。

独立之后,乌兹别克斯坦希望能够进一步用乌兹别克语来取代俄语在生活当中的重要地位,强调本民族意识,发展本民族文化。因此,乌兹别克斯坦在宪法中明确规定乌兹别克语为乌兹别克斯坦国语,政府规定,在国家部门中必须使用乌兹别克语,限制俄语作为公文事务用语,实现乌兹别克语拉丁字母化,限制播出俄语节目,缩小俄语在中小学和大学等教育机构中的使用范围,等等。1995 年 12 月,乌兹别克斯坦颁布了修订版《乌兹别克斯坦共和国国语法》。修订版《国语法》再次强调了乌兹别克语的国语地位,同时,条款明确规定:所有公民享有自主选择交际语言的权利。修订版《国语法》同第一版一样,主要关注语言的定位问题。不过,值得一提的是,两版《国语法》对俄语的定位不同。尽管第一版《国语法》中将俄语定位为族际交际语,而非国语,但俄语仍被赋予了特殊地位。但修订版《国语法》并没有特别提及俄语,而是将它视为"外语",认为俄语和除了乌兹别克语之外的其他民族语言的地位是平等的。当时,俄语仍是乌兹别克斯坦大多数非主体民族和众多乌兹别克族精英主要使用的语言。在这样的背景下,该举措从国家法律层面弱化了俄语的存在感,是乌兹别克斯坦凸显主体民族语言地位、强调国家独立性的一种体现。

2004 年,乌兹别克斯坦颁布法律《对乌兹别克斯坦共和国若干立法法令的修改和补充以及确认相关法令失效》,其中《乌兹别克斯坦共和国总统选举法》第一条规定:乌兹别克斯坦共和国总统应当熟练掌握乌兹别克语。这一规定也是政府在全国特别是在精英阶层提升乌兹别克语影响力的有力措施。2019 年 10 月 21 日,乌兹别克斯坦总统米尔济约耶夫在乌兹别克语国语地位 30 周年纪念大会上发表了关于提升乌兹别克语作用的讲话。米尔济约耶夫总统强调,要在深入分析当前实际需求的基础上对 30 年前通过的《乌兹别克斯坦共和国国语法》进行完善。目前的主要任务是在基础科学、现代信息通信技术、工业、银行财政体系、法律、外交、军事和其他领域全面应用乌兹别克语。同日,米尔济约耶夫正式签署第 5850 号《关于全面提升乌兹别克语国语作用和声望措施的总统令》(以下简称《总统令》)。《总统令》指出:"乌兹别克语是乌兹别克民族悠久的文化、科学、精神、艺术思想,以及乌兹别克民族智慧最鲜明、最宝贵的产品,是世界上最丰富、最古老的语言之一。"[1]根据《总统令》,10 月 21 日被定为"乌兹别克语日",内阁增设直属总理的乌兹别克语发展署,明确其八大主要职能,责成内阁在规定期限内起草关于"乌兹别克语日"和新版《国语法》的草案,于2020 年 6 月 1 日前提交《2020—2030 年发展乌兹别克语暨完善语言政策国家纲要》及其《纲要构想》草案。该《总统令》的颁布标志着乌兹别克语的发展进入了新阶段。

　　总而言之,经过政府的不断努力,乌兹别克语的地位确实得到了很大的提升,但是在此过程中也存在着不少问题:首先,俄语的教学时间被大幅缩短,但是大多数高校的高等教育仍然离不开俄语。尽管乌兹别克斯坦将俄语定位为一门普通的外语,但是俄语在乌兹别克斯坦的一些大城市中仍处于优势地位,所以无论是俄罗斯族还是其他民族使用俄语的人都主张,

---

　　① 　王玺:《乌兹别克斯坦语言竞争及语言规划研究》,上海外国语大学硕士学位论文,2020 年。

俄语在乌兹别克斯坦应该享有一定的特殊待遇。其次,乌兹别克语书籍相对匮乏,这对乌兹别克斯坦本国文化的传承和教育水平的提升造成了一定的负面影响。

综上所述,虽然受到语言政策的影响,俄语在乌兹别克斯坦已经失去了法律赋予的最高地位,但是实际上乌兹别克斯坦民众对于学习俄语仍有很大的需求。究其原因,一方面与苏联时期俄语在乌兹别克斯坦的特殊地位有关;另一方面,由于乌兹别克斯坦赴俄罗斯留学、工作以及劳务移民的人数持续增多,因此人们对俄语的学习需求不断增长。

当然,独立之后乌兹别克斯坦的语言政策当中同样也包括了外语教学政策的相关内容。乌兹别克斯坦于 1991 年就制定了国家的外语教学政策,非常重视外语教学。值得一提的是,汉语也是乌兹别克斯坦的主要外语之一,汉语教学得到了乌兹别克斯坦教育部门的重视。乌兹别克斯坦是中亚国家中较早开始进行汉语教学的国家,早在乌兹别克斯坦独立之前,在其中等教育和高等教育体系中就已正式开设汉语课程。目前乌兹别克斯坦开展汉语教学的学校主要集中在首都塔什干和乌兹别克斯坦第二大城市撒马尔罕,在这两座城市中还设有两所孔子学院,分别是塔什干孔子学院和撒马尔罕孔子学院。

2004 年 6 月,时任中国国家主席胡锦涛对乌兹别克斯坦进行国事访问,期间,中国教育部部长周济与乌兹别克斯坦高等教育部部长代表两国政府签署了在塔什干建立孔子学院的协议。2005 年 5 月,塔什干孔子学院正式揭牌。塔什干孔子学院是中亚地区第一所孔子学院,也是中国在海外开设的首批孔子学院之一,它坐落于塔什干市中心,交通便捷,环境良好。2016年 6 月,孔子学院从塔什干国立东方学院校内搬迁至新址,教学条件得以改善。学院拥有多媒体语音室 1 间、教室 7 间、办公室 2 间,另有 1 间图书资料室、1 间会议室兼活动中心,院内收藏中国历史、政治、经济、文化、旅游等各类图书资料 7000 余册,各类汉语教材约 300 册,以及各类音像资料等。此外,学院还配备有现代化音像及视频设备,可以为各种文化宣传活动、中文竞赛和研讨会提供硬件支持。

2013 年 9 月,在中国国家主席习近平访问乌兹别克斯坦期间,中乌两国签署了在乌兹别克斯坦历史名城撒马尔罕建立孔子学院的协议,习近平主席与时任乌兹别克斯坦总统卡里莫夫共同出席了签字仪式。2014 年 11 月,由乌兹别克斯坦撒马尔罕国立外国语学院和中国上海外国语大学合作创办的乌兹别克斯坦第二所孔子学院——撒马尔罕孔子学院在撒马尔罕正式揭牌成立。

可以说,孔子学院作为中国国家汉办和乌兹别克斯坦合作的汉语推广项目,是乌兹别克斯坦汉语教育工作的重要组成部分,培养了大量乌兹别克斯坦汉语人才,是两国在汉语推广与汉语教育合作领域所取得的实质性成果。

从总体语言规划来看,乌兹别克斯坦政府希望通过一系列语言立法,让乌兹别克语作为官方语言的地位不仅仅体现在国家法律层面上,更为重要的是希望乌兹别克语成为乌兹别克社会生活诸多领域的实际沟通语言。因此,这种语言政策也直接影响到了国家对其他外语教学的态度。虽然乌兹别克斯坦语言内阁大臣在《关于改进乌兹别克斯坦大学外语教育活动的措施》中提出了引进国外先进教学手段的相关措施,但是在具体的教学实践中,由于在外籍教师引入上的相关规定与限制,这一政策的实施效果非常有限。当然,政府间主导的国际合作与交流活动可以在一定程度上弥补这一缺憾,但是由于民间外语教学的互动与交流尚未完全开放,乌兹别克斯坦国内外语教育水平受到了一定的负面影响。此外,在外语教学当中应该坚持语言知识教育与语言能力培养的统一,而目前在乌兹别克斯坦的外语教育政策中,过于重视对语言知识的传授,对语言能力的培养关注不够。

当然,乌兹别克斯坦的整体语言政策及外语教育政策也影响到了当地的汉语教学。从积极方面来看,乌兹别克斯坦以经济为导向的外语教育政策有助于汉语教育生源的扩大,这也是近年来乌兹别克斯坦汉语学习人数不断增加的重要原因。同时,在乌兹别克斯坦与中国双边关系整体向好的大背景下,乌兹别克斯坦与中国国家汉办和多所高校的各项合作,也推动了乌兹别克斯坦本土汉语师资力量的培养进程。但与此同时,以经济为导向的外语教育政策对学生学习动机、水平产生了一定的负面影响,同时乌兹别克斯坦相对保守的语言政策从社会氛围、学习环境上来说,也对汉语教学的推进造成了一定的不利影响。此外,历史情况造成的乌俄双语教育政策也在一定程度上挤占了学生的汉语学习时间。

语言不仅是交流工具,也是信息和文化的载体,是民族身份的标志和象征符号。独立以来,乌兹别克斯坦借助语言的国家主权象征作用,实施了一系列旨在提高乌兹别克语国家地位和扩大乌兹别克语使用范围的语言规划措施,努力塑造并强化民族和国家认同。可以说,独立后的乌兹别克斯坦实施语言规划 30 年来,取得了一定成效,但也存在一些不足,未来还有很长的路要走。

民生问题无小事

苏联解体打破了过去长期形成的计划经济体制与共和国之间的供给体系,取而代之的是渐进式的市场经济和私有化改革。独立近30年来,乌兹别克斯坦的经济增长5.5倍,国民生产总值从1992年的36亿美元增长到了2015年的667.3亿美元,经济增长速度维持在8%左右。乌兹别克斯坦的国民经济结构也与独立初期有了较大变化。然而,国民经济的增长并未促进人口就业和脱贫问题的解决,居民普通的低收入与低购买力,无力拉动市场内需,阻碍了经济持续增长和产业结构调整。独立初期的私有化与社会变革造成了社会财富与资本的集中,利益分配和重组使社会出现较为严重的分化。由于转型初期乌兹别克斯坦的制度建设能力较弱,制度设置与社会变迁脱节,使私有化过程中的资源控制趋于集中,造成了社会贫富的两极分化,进而加剧了社会的分化和利益阶层的生成。

作为一个转型国家,乌兹别克斯坦非常注重国家生活保障制度的建设,以提高居民生活水平、保证食品供应、扶持国民教育、提供必要的卫生服务、保护低收入阶层的利益作为社会保障制度的立足点,力图建立比较完善的社会保障制度。

养老保险是社会保障制度的重要组成部分,是社会保险五大险种中最重要的险种之一。乌兹别克斯坦独立以前受苏联社会保障模式的影响,实行了国家担保型养老保险模式。这种模式历史久远,其理论基础为列宁的国家保险理论,实行完全的"现收现付"制度,并按"支付确定型"方式来确定养老金水平。养老保险费全部来自政府税收,个人不需缴费,退休后可享受退休金,实行统一的保险待遇水平。这种模式的优点是简单易行,通过收入再分配的方式为老年人提供最基本的生活保障,以抵消市场经济带来的负面影响。不足之处就在于覆盖面比较窄,只有在职劳动者以及国家工作人员才能享受,并且养老金只有一个层次,没有建立多层次的养老保险制度,一般不会定期调整养老金水平。这种养老保险制度的一个负面后果是政府负担过重,从而导致制度的可持续性难以保证。另外,社会分配效果较差,缺乏对个人的激励机制,只强调社会公平而忽视效率。

乌兹别克斯坦独立初期,继承了苏联的国家担保型养老保险政策,实行高福利、高标准的养老保险政策。但是随着国家经济转型、人口平均预期寿命延长以及退休人口的快速增长,这种高福利、高水平的养老保障制度难以为继。2005 年以后,为了解决潜在的隐形债务及人口老龄化问题,乌兹别克斯坦逐步建立了现收现付型及个人储蓄相结合的新型的养老保险模式。目前乌兹别克斯坦养老保险体系中现收现付体制所占比重较大,储蓄性养老保险制度仍处于探索阶段,所发挥的作用十分有限。乌兹别克斯坦现收现付型养老保险制度主要包括 3 个方面的保险险种:一是退休金。退休金所占比重比较大,按乌兹别克斯坦劳动社会保障部门的相关统计,退休金支出占养老保险总支出的 70%。二是弱势群体养老保险金。凡是身体有缺陷并丧失劳动能力的人只要符合有关条件就能享受这种养老保险。三是抚恤金。若劳动者在劳动过程中死亡,其未成

年子女享受一定数量的抚恤金。① 乌兹别克斯坦养老保险政策
比较严格,根据《乌兹别克斯坦国民养老保险法》,乌兹别克斯
坦男性法定退休年龄为 60 岁,女性法定退休年龄为 55 岁,且
男性工龄不能少于 25 年,女性工龄不能低于 20 年。此外,《乌
兹别克斯坦养老保险法》规定,凡是在地下或艰苦岗位工作的
人员可以申请提前退休。乌兹别克斯坦养老保险制度普遍采
取政府补贴、个人缴费及企业补助等筹资模式。其中政府补贴
主要来自政府财政拨款、政府转移支付、公共基金等 3 个方面。
乌兹别克斯坦个人缴费率为 2.5%,企业缴费率占总工资的
24.2%。此外,企业还要把销售收入的 0.7%交给政府,用来支
付职工的养老金。乌兹别克斯坦公民退休以后的养老金高低主
要取决于退休前 5 年的平均工资及工作年限。一般退休人员养
老金为退休前 5 年平均工资的 55%,若工龄超过法定退休年龄,
每增加 1 年增发 1%的工资。根据《乌兹别克斯坦劳动法》,退休
金既不能低于最低工资,也不能超过平均工资的 75%。②

　　2004 年,乌兹别克斯坦议会通过了《乌兹别克斯坦国民储
蓄性养老保险规定》,正式建立了个人账户积累型养老保险制
度,有劳动能力的乌兹别克斯坦公民有权在自愿的基础上参加
储蓄性养老保险。参保人每个月将个人收入的 1%存入个人账
户,建立储蓄性养老金,也可根据自己的收入及实际承受能力
多缴,所收资金及利息免收个人所得税。法律还规定个人账户
养老金利息率应高于通货膨胀率,公民达到法定退休年龄时,
个人账户全部资金连带本息还给本人或根据个人意愿按月计

---

①　阿里木江·阿不来提:《中亚社会保障问题研究》,企业管理出版
社 2013 年版,第 84 页。
②　阿里木江·阿不来提:《中亚社会保障问题研究》,企业管理出版
社 2013 年版,第 85 页。

发。若参保人死亡,其所缴资金连带利息还给法定继承人。为了保证资金安全,并通过适当的投资渠道实现养老金的保值和增值,储蓄性养老保险金主要由乌兹别克斯坦国有的人民银行来负责运作。目前,乌兹别克斯坦储蓄性养老保险制度正处于探索阶段,覆盖率还有待提高,改革进程任重道远。

　　贫困是目前世界性的难题。乌兹别克斯坦独立以后,随着经济格局的改变,传统国家担保型社会保障制度的瓦解以及国家对社会保障投入的不断减少,贫困已经成为乌兹别克斯坦面临的主要社会问题。而这一问题的恶化会影响经济发展及社会稳定,会引发移民人数增加、犯罪率上升、腐败问题加剧、环保问题突出等一系列社会问题。乌兹别克斯坦的贫富差距比较大,全国大部分贫困人口主要集中在西南部,城市贫困发生率低于农村贫困发生率。贫困人口的职业分布具有明显的群体特征,贫困人口主要集中在教育、国家公务员、农业、服务业、医疗卫生等低收入行业,银行、金融保险、信贷、石油化工、建筑、通信等行业几乎没有贫困人口。从贫困人口的群体分布来看,乌兹别克斯坦大部分贫困人口为女性,儿童贫困问题也日益显著。为此,乌兹别克斯坦采取了一系列贫困治理措施。

乌兹别克斯坦妇女

第一,竭尽全力促进就业,建立劳务派遣洽谈制度。乌兹别克斯坦是中亚的人口大国,拥有丰富的劳动力资源。其中,适龄劳动者人群的人口数量比非劳动力人口多1倍多,国家的就业压力指数为45.3%。因此,解决适龄劳动人口的就业问题是乌兹别克斯坦政府的当务之急。失业是贫困发生的重要原因之一,而乌兹别克斯坦官方统计的失业率一直维持在5%左右,但是由于失业人员登记机制不完善和大量劳动力黑市的存在,官方统计的失业率其实并不能完全反映真实的就业情况,实际失业率可能高达20%。过去的近30年间,随着人口的增长,人均占有耕地在逐渐减少。在这种情况下,农村过剩的适龄劳动者大量涌入城市,但乌兹别克斯坦的城市缺少劳动密集型产业,无力消化庞大的就业压力,便出现了赴俄罗斯、哈萨克斯坦等经济相对发达的独联体国家的劳务移民潮。但是乌兹别克斯坦劳务人口输出也给劳务输入国造成了不小的就业压力,同时也产生了极端主义和有组织犯罪行为等一系列社会安全问题。

为此,乌兹别克斯坦政府每年都会针对就业问题听取地区、人民代表及劳动者本人的意见,制定有关创造就业岗位和保障居民就业的纲要,并根据纲要落实和新增就业岗位。此外,政府每年还和劳动与社会保障部实施就业与投资计划,积极创造新的就业岗位。鉴于中小企业和私人经济对实现劳动就业方面的特殊贡献,卡里莫夫总统在任时一直致力于鼓励和扶植中小企业的发展,对其提供国家支持。米尔济约耶夫总统执政以来,也非常重视中小企业的发展,力求减少对企业的行政干预,充分发挥其经济潜力,使其创造更多就业岗位。

第二,制定最低工资标准,不断提高在职人员的工资待遇水平。从2011年起,乌兹别克斯坦多次提高最低工资标准、退休金、助学金和社会津贴。米尔济约耶夫执政以来,更是特别关注弱势群体的切身利益,政府多次上调最低工资、提高退休金标准等。但是苏姆贬值与逐年递增的通货膨胀造成了物价上涨,工资、退休金和各种补助的涨幅难以补贴因本币贬值所带来的生活成本的增幅。尽管如此,政府仍然在想尽一切办法为低收入人群提供尽可能多的帮助。比如,针对低收入人群降低税收,以减轻其生活压力;针对妇女等弱势人群调整小型贷款的准入政策;为孤儿提供住房;为孤寡老人提供社会帮助;在社会工作、建筑业和服务行业创造就业机会。此外,政府还针对具体弱势群体,提出相应的主题年活动,给予特别补助和社会关注。如 2013 年为福利与繁荣年,2014 年为健康儿童年,2015 年为关注老年人年,2016 年为母亲和儿童健康年。

第三,完善社会保障制度。建立完善的社会保障体系是解决贫困问题的最主要途径。乌兹别克斯坦独立以后就非常重视社会保障体系的建设,颁布了《居民就业法》《职业病法》《儿童权益保护法》《社会保险法》等一系列法律法规,为社会保障制度的建设提供了一定的法律依据。面对残疾人贫困群体,乌兹别克斯坦政府还专门启动了专项救助计划,通过赠送助听器、轮椅、生活用品、优先安排工作岗位等方式解决残疾人贫困群体的贫困问题。为了解决多子女家庭的贫困问题,乌兹别克斯坦建立了主要由婴儿补助、家庭救助和家庭补贴 3 个部分组成的扶贫体系。乌兹别克斯坦实行婴儿补助计划,2 岁以上的小孩无论其家庭情况如何,都会得到相当于最低工资标准 2 倍的补贴。为了保证婴儿的健康成长,乌兹别克斯坦制定了生育救助及工作保障制度。妇女产假期间可以享受相应的工资待遇,妇女在小孩满 2 岁之前全职在家,政府以最低工资的 20% 为标准提供相应的生活补贴。若小孩 2—3 岁之间母亲仍不复工,政府不提供任何补贴,但保留相应的工龄及工资关系,保证女性不失业。近年来,乌兹别克斯坦继续完善家庭救助制度,为极度贫困群体建立了最低生活保障制度。

第四,开展国际合作,改善咸海地区的生态环境。咸海危机是导致乌兹别克斯坦西部地区贫困的主要根源,因此,独立以来乌兹别克斯坦政府加大了对环境保护领域的投资力度,用于提高空气质量、保护水资源、保护土地、保护鱼类资源、保护森林。面对咸海流域严重的生态环境问题,乌兹别克斯坦政府积极行动,倡导咸海拯救计划,成立了咸海流域问题跨国委员会并建立了拯救咸海国际基金会。

第五,吸引外资,增加就业,是减少贫困的主要途径。乌兹别克斯坦曾是古丝绸之路上的交通要道,是沟通东西方物产、联结东西方文明的重要纽带。乌兹别克斯坦是中亚地区的经济大国,它不仅占据着重要的地理位置,而且具有较强的工业和科技实力、丰富的人力资源,拥有丰富的能源和矿产资源,对外合作前景广阔。作为一个转型国家,乌兹别克斯坦政府始终坚持吸引外资的政策,努力改善投资环境。为了保护投资,特别是外国投资,乌兹别克斯坦通过了一系列法令,除提供长期稳定的保障以外,还提供许多税收方面的优惠,这为乌兹别克斯坦的经济发展及劳动就业奠定了一定的基础,有效缓解了城市贫困问题。

第六,加快农业改革步伐,适当调整农业产业结构。乌兹别克斯坦绝大部分贫困人口主要生活在农村地区,而农业在GDP中处于至关重要的地位。乌兹别克斯坦独立以后实行了苏联时期的集体农庄制度,但是随着时代发展,这种制度的弊端逐渐显现。因此,乌兹别克斯坦政府为了解决农村贫困问题,进行了农业改革,颁布了《农场经济法》《农业合作社法》和

《农户经济法》等一系列法律法规,将原有的集体农庄和国有农场改造成为小农场、合作社、股份公司等私有制和非国有制形式。目前,乌兹别克斯坦农业主要采取土地承包制,注重国家农业企业的私有化,私人农场、农业企业产出的产品数量逐年提高。随着乌兹别克斯坦农业私有化改革进一步深入,农业生产率逐年提高,农民收入有所增长。

第七,加大对贫困群体的金融支持,建立小额贷款制度,提高其自身脱贫能力,是解决贫困问题的主要手段。农业小额贷款制度在孟加拉国等发展中国家成功后,在乌兹别克斯坦得到快速普及。乌兹别克斯坦政府十分重视小额贷款公司及农村信用协会的建设,通过减免税收及简化手续等方式促进了小额贷款公司及各种金融机构的蓬勃发展。小额贷款的范围主要包括农业、食品生产、纺织和服装制造、手工艺、个人和社会服务、零售业服务供应以及餐饮业等基础行业,中小企业也是小额贷款的一个重要市场。

第八,大力发展教育事业。教育水平是关系到贫困发生率的关键因素之一,受过高等教育的人的贫困发生率明显低于其他群体。虽然乌兹别克斯坦教育状况比较好,儿童入学率及教育普及率比较高,但职业教育水平差,贫困家庭受高等教育机会少,教育结构及就业结构不协调,偏远地区教育水平差,师资力量不足等问题比较突出。因此,乌兹别克斯坦政府非常重视教育领域的投入力度,将改善贫困地区的教育事业放在首位,不断加大对偏远地区教育事业的投入,切实保证贫困群体的受教育权利。

从现阶段情况来看,尽管乌兹别克斯坦采取了多种贫困治理措施,但是受体制、经济发展、环境等多种因素制约效果还不明显,仍有很大的发展空间。此外,乌兹别克斯坦一直把扩大中产收入群体作为国家发展的重要目标之一,然而从人均国民收入等标准来看,乌兹别克斯坦还远远没有达到世界平均水平。根据 2016 年联合国工业发展组织的报告,乌兹别克斯坦以人均国民生产总值收入未达到 4125 美元的中等收入国家标准,被列入中等偏低收入国家。2016 年,乌兹别克斯坦政府兑现了提高居民最低待遇的承诺。尽管如此,乌兹别克斯坦居民的工资水平在中亚五国中仍然处于较低水平,仅略高于吉尔吉斯斯坦。

民生无小事,枝叶总关情。独立之后的乌兹别克斯坦励精图治,开展全方位改革,尤其关注人民生活保障制度的建设,从改革养老保险制度、采取贫困治理措施、关注妇女问题等出发,致力于全面提高人民生活水平,虽然一些政策仍有待商榷、有提升空间,但也有不少可供其他国家借鉴之处。

撒马尔罕的丝绸之路国际旅游大学

2018 年 6 月，乌兹别克斯坦国家通讯社发布了一则消息，根据总统令，乌兹别克斯坦政府在撒马尔罕正式建立了丝绸之路国际旅游大学。乌兹别克斯坦政府表示，该校是中亚地区首个专业的旅游大学。据悉，丝绸之路国际旅游大学采取的是举国体制模式，直接隶属于国家旅游发展委员会，由主管教育、体育与旅游的副总理担任校长，国家旅游发展委员会执行主任担任执行校长，一开建便拥有学士、硕士、博士学位授予权，师资从全国调配，此外还有大量国际援助。学校下设 3 个学院——旅游学院、服务学院与技术学院，配置 2 个中心——创新中心与技术中心，学校发展重点是为乌兹别克斯坦与中亚培养高水平旅游、文化、遗产、传媒等方面管理人才。截至 2020 年初，学校已招收了 2 批学生，本科 600 多人，硕士 40 多人，并开始了旅游、文化、翻译、经济专业的博士生招生。俄罗斯、土耳其、印度尼西亚、中国及联合国教科文组织均积极参与该大学的建设工作。

乌兹别克斯坦为什么要花如此大的力量建这所大学？

2020 年，旅游指南《孤独星球》将中亚列为年度最佳旅游目的地，乌兹别克斯坦在其中起到了重要作用，这在很大程度上是因为乌兹别克斯坦进行了旨在促进整个旅游业根本转型、并将旅游业视为国民经济战略部门的"快速改革"。而丝绸之路国际旅游大学的建立便是乌兹别克斯坦这场旅游业大改革中的重要一步。

　　但是对于大多数中国人来说,乌兹别克斯坦仍然是一个较为陌生的名字,它唯一能让人记住的可能只是它曾经作为苏联加盟共和国的身份。没到过乌兹别克斯坦的人,一定会以为这个位于中亚腹地的双重内陆国黄沙遍野、荒凉贫瘠、干燥炎热。殊不知,这个神秘、遥远的国度气候温和、绿树成荫、山水潺潺、鸟语花香。樱桃、李子、柿子、无花果、葡萄,各色瓜果,果实累累;百合花、月季花、菊花、牡丹,各色鲜花,竞相绽放。时称康国的撒马尔罕曾向大唐进贡过金桃、银桃,而如今在中国随处可见的石榴也是来自"昭武九姓"中的石国。和中国一样,这个古丝绸之路上的中亚国家也是世界文明的摇篮之一。但由于地理位置的特殊性,占据古丝路要塞的乌兹别克斯坦,更像是一座连接东西方文化的传奇"驿站",在迎来送往的阵阵驼铃声中积淀着自己独特的魅力,也在历史长河里留下了无数璀璨的明珠。

　　乌兹别克斯坦好似一座露天博物馆,向世人展示着众多引人入胜的自然和人文景观。这里有凝聚中亚 2000 年文化及历史遗迹的"石头城"塔什干,有金黄色调的建筑交相辉映的童话古城希瓦,有充满伊斯兰风情的丝绸之路重镇布哈拉,更有古老美丽的城市撒马尔罕。除了历经岁月洗礼的建筑遗迹,乌兹别克斯坦还拥有众多无形的文化遗产:热闹非凡的纳乌鲁孜节,有"国饭"之称的美味抓饭,香气扑鼻的各色新鲜水果,精美绝伦的陶艺、木雕、丝绸和地毯。这些传说中西域的奇珍异宝都在召唤着猎奇的人们蜂拥前往。

塔什干市郊区风景

　　说起乌兹别克斯坦的古城,绝对绕不开撒马尔罕。如今的撒马尔罕是撒马尔罕州的首府,是乌兹别克斯坦第二大城市,也是一个著名的旅游城市。它位于泽拉夫尚河畔,从该地向东北行进至首都塔什干的铁路距离为 210 公里,南至阿富汗国境 249 公里。撒马尔罕在乌兹别克语中的意思是"富裕的村落",它是中亚乃至世界上最古老的城市之一,最早由粟特人于公元前 5 世纪建造,建城历史和雅典相仿,因此它也被称为"中亚的雅典",中国古书称之为"康国"。公元前 332 年,亚历山大大帝攻占这里时,也曾不禁赞叹:"原来我所听说到的一切都是真实的,只是它比我想象中的还要壮观。"①712 年,随着阿拉伯人的

　　①　斐染:《白金之国乌兹别克斯坦:世界上最大的双重内陆国的古城群》,《环球人文地理》2020 年第 1 期,第 24—35 页。

入侵,伊斯兰教传入撒马尔罕。6—18世纪,撒马尔罕先后被土耳其人、阿拉伯人、蒙古人和伊朗人占领,13世纪初并入花剌子模国,后被成吉思汗大军入侵,到14世纪末成为帖木儿帝国的首都。1868年,撒马尔罕被沙俄占领。1896年建成铁路,从而带动了经济发展,成为出口葡萄酒、干果、新鲜水果、棉花、稻米、丝绸和皮革的重要中心。1924—1930年,撒马尔罕成为乌兹别克苏维埃社会主义共和国的首都,后来共和国迁都塔什干,撒马尔罕便成了撒马尔罕州的首府。

　　乌兹别克斯坦首任总统卡里莫夫有一句名言:"不到撒马尔罕,就不算真正到过乌兹别克斯坦。"而这里也正是这位受乌兹别克人敬仰的传奇总统的家乡。作为古丝绸之路上的重镇,撒马尔罕曾连接着中国、波斯和印度三大帝国,四方商贾云集,各种文化交融,一派国际化大都市的景象。善于经商的粟特人从这里出发,足迹遍布世界各地。这片欧亚大陆间的交通要地,汇聚了中国丝绸、印度棉布、西亚毛织品、西方玻璃器皿等等,充满了奇异和繁华的美。然而,也正是因为这座古城处于如此重要的地理位置,经历过无数次焰火焚烧,但每每又如凤凰浴火,重生后散发出更加耀眼的光芒。古波斯和马其顿王朝的统治者、中国汉唐的皇帝、阿拉伯哈里发帝国的君主、成吉思汗及帖木儿相继把自己的文化性格注入这里,经过时间的凝固与沉淀,为撒马尔罕留下了瑰丽的文化宝藏。2001年,联合国教科文组织把撒马尔罕文化中心作为文化遗产,列入《世界遗产名录》。

　　而真正让整个世界彻底记住"撒马尔罕"这4个字的,是跟成吉思汗有着千丝万缕神秘关系的那位铁血汉子——帖木儿。他将自己庞大帝国的首都设于此地,将最好的建筑师、珠宝工匠、诗人、学者带到了撒马尔罕,建造出当时世界上最美丽、繁华的都城。现今的撒马尔罕城根据建成年代的不同,被分为阿夫拉希亚布考古遗址区(Afrasiab,康国故城宫廷遗址)、帖木儿时期建成区、沙俄—苏联时期建成区等不同的区域。

阿夫拉希亚布考古遗址区曾是古代的撒马尔罕城所在地,在唐朝时则是"昭武九姓"中的康国。在遗址区的博物馆里珍藏着与中国有关的残缺壁画,上面绘有唐高宗和武则天的形象,以及多国使者来朝的盛大场面。除了与唐朝的交往之外,当时的康国与突厥、高丽都曾有过外交互通。

帖木儿时期建成区也即撒马尔罕旧城,它位于阿夫拉希亚布古城遗址区西南,是撒马尔罕古城中保存最好、规模最大的区域,在这里可以看到大量帖木儿时期的宗教、文化建筑和格局较为完好的低层传统住宅区。历史悠久的雷吉斯坦(Registan,意为沙地)广场是该区域的中心,它也被称为"撒马尔罕之心"。这是一组建于15—17世纪的宏大建筑群,由3座神学院组成:左侧的兀鲁伯神学院、中间的季里雅·卡利(Tillya Kori,意为镶金的)神学院和右侧的希尔·多尔(Sher Dor,意为藏狮的)神学院。这3座神学院虽然建于不同的时代,但是风格组合相当成功,堪称中世纪中亚建筑的杰作。

兀鲁伯神学院建于1417—1420年,后曾遭到地震的破坏,重新修建了高13米、直径13米的新穹顶,建筑材料采用特殊金属结构,四角有4座高塔,内部宽敞的院落呈四方形,正面和穹顶以各种色彩的陶瓷装饰,体现了伊斯兰建筑风格。兀鲁伯是帖木儿的孙子,但是他更广为人知的身份却是中世纪最伟大的天文学家,他通过亲自观测而制作的星表和六分仪至今仍在撒马尔罕城东北郊的兀鲁伯天文台展示着。兀鲁伯神学院的主要职能是培养伊斯兰教的神职人员,它是15世纪世界上最

好的伊斯兰学府之一,也是当时中亚科学思想的中心,据说兀
鲁伯本人曾亲自在这里授课。

　　季里雅·卡利神学院建于 1646—1660 年,从外观看它在 3
座神学院中最为质朴,但进入其中就会发现另有一番天地,从
瓷砖到壁龛,一直到穹顶,到处都镀着黄金,难怪它被起名为
"镶金的"神学院,这也足以看出当时的撒马尔罕是多么富有。
如今的季里雅·卡利神学院已经成了撒马尔罕最受欢迎的景
点之一,来此拍摄婚纱照的新婚夫妇络绎不绝。

季里雅·卡利神学院内部镀金穹顶

　　在传统认知中,伊斯兰教是禁止采用动物形象作为装饰
的。但是在远离阿拉伯地区的撒马尔罕,伊斯兰教义融合许多
当地传统,创造了新的装饰形式。建于 1619—1636 年的希尔·
多尔神学院就是典型的代表,它得名于"狮子",因为在神学院
外墙上镶嵌了两只狮子的形象。不过仔细观察,会发现它们似
乎和我们所见过的狮子不太一样。这是因为在这所神学院建

造之时,乌兹别克并没有狮子。负责装饰神学院的艺术家们来自伊朗和印度,而在这两个地方,sher 的意思并不相同。在说波斯语的地区,sher 意为狮子,而在北部印度流行的印地语和乌尔都语中,sher 指的却是老虎。因此,神学院外墙上的这两只"狮子"图案结合了两者的特征:它们有着橙黄带黑色条纹的皮毛,像是老虎,同时也有着狮子的鬃毛。

在离雷吉斯坦广场神学院群不远的地方,坐落着撒马尔罕城的美丽地标之一——比比·哈努姆清真寺,据说这是印度泰姬陵的原型。撒马尔罕流传着一个美丽的传说:在帖木儿远征印度期间,他的爱妻比比·哈努姆王后去世了。为了悼念王后,帖木儿于 1399 年至 1404 年间建造了一座以王后之名命名的清真寺。如今,这座号称亚洲之最的比比·哈努姆清真寺已经成了撒马尔罕城市文化结晶最显赫的代表之一,也因承载的凄美爱情故事而给这座城市蒙上了一层浪漫的色彩。

比比·哈努姆清真寺呈长方形,规模宏大,可以容纳众多的祈祷者。清真寺的东侧大门上镌刻着细密的花卉藤蔓和回纹图案,从大门往里便可走到中庭,中庭四周是由 480 根柱子支撑的厅和围廊,屋顶由许多小穹顶组成。中庭设讲经之所,经文皆用羊皮包裹,用泥金书写文字。中庭再往里走是主礼拜堂,穹顶为双重构造,大穹顶外镶着蓝色瓷砖,四周如众星拱月般环绕着大小不一的 398 个网状的精致小穹顶,大穹顶与大门两端和院墙四角的八边形宣礼塔遥相呼应,显示出了恢宏的气势和迷人的风采。这座恢宏的寺院不仅演绎着历史,更彰显出了帝王的奢华。

比比·哈努姆清真寺

　　而在帖木儿帝国时代众多的古建筑中,当数陵墓建筑最为壮丽,位于撒马尔罕城市区的古尔·埃米尔陵被称为"纪念建筑最杰出的作品之一"。古尔·埃米尔陵于 1403 年开始建造,当时是为了埋葬帖木儿的孙子穆罕默德·苏尔坦,后来逐渐发展成为帖木儿家族墓地。

　　陵墓的建筑主体呈黄绿色,由大门、庭院和陵堂 3 部分组成。陵堂 10 米见方,主体呈八角形,周围墙壁用琉璃铺设的图案覆盖,图案有卷草、花朵和几何拼图。穿过 2 座大门,走过方形庭院,就来到了陵堂,里面摆放着 9 具大理石棺椁,石棺体现出旷久的苍凉。沿着一条窄梯向下,可通往地下墓室,盛放遗体的棺椁实际上就放置于地下墓室之中。墓室由于穹顶的承托,空间极其高大,神秘而庄重。四壁上的装饰奢侈艳丽,镀了一层薄金的阿拉伯铭文在射灯的照耀下,显得格外尊贵、神圣。墓室内分别安葬着帖木儿、帖木儿的 2 个儿子、帖木儿的 2 个孙子(其中一个是兀鲁伯)、兀鲁伯的 2 个儿子、兀鲁伯的宗教老师及 1 个未查明姓氏者。其中,最引人注目的是兀鲁伯为祖父帖木儿定制的墨绿色玉石棺。在帖木儿的墓碑上赫然写着"谁掘我的墓,谁就遭殃"。1941 年 6 月 8 日,苏联科学家对帖木儿墓葬进行考古挖掘,那次发掘也证实了帖木儿的右腿确实曾因骨折而终生致跛,而对兀鲁伯墓中尸体的检查显示,他的头颅被斩,证实了他死于暴力杀害的传说。在蓝色穹顶下,帖木儿家族陵墓中的每一个墓穴都有一段故事。如今,一切都已归为平静,当年的喧嚣都已被尘封在这座肃杀的中亚建筑瑰宝中。

在塔什干和撒马尔罕城都有帖木儿的雕像,但是它们有着不同的风格。塔什干城中心广场上的帖木儿雕像被绿树环绕,帖木儿跨在马上,马的前蹄一只跃起,帖木儿扬鞭策马,一手向前伸出,好似在指挥千军万马。整座雕塑气势非凡,再现了帖木儿金戈铁马的一生,让人深感这位千古大帝的磅礴气息和精神力量。而位于撒马尔罕城街道中心的帖木儿雕像是一尊坐像。经过岁月磨砺的帖木儿已把沧桑隐藏在心底,展现了端庄的气度和深厚的内涵,让人感受到一种随遇而安的美丽,有一种宠辱不惊的冷静和淡泊,以及看穿世俗名利,不再为任何人任何事激动的超然。

布哈拉市现在是布哈拉州的首府,行政、经济和文化中心。它位于乌兹别克斯坦西南部泽拉夫尚河三角洲上的沙赫库德运河河畔,地处布哈拉绿洲的中部。这座中亚著名的古城兴建于公元前 1 世纪,在 9—10 世纪期间是萨曼王朝的国都和文化艺术中心,1220 年被成吉思汗占领,后又被喀喇汗王朝和西辽统治,1370 年被帖木儿帝国控制。16 世纪中叶,布哈拉汗国建立,布哈拉被定为都城。1920—1925 年,布哈拉成为布哈拉苏维埃人民共和国的首都。布哈拉地处欧亚交通要道,自古以来商业贸易繁荣,一直都是中亚古代商业、建筑工艺、科学、文学艺术比较发达的地区。

　　"布哈拉"一词在梵文中有"修道院"的意思,这里曾是中亚的宗教中心,是伊斯兰教徒研究神学的中心。在整个伊斯兰世界,布哈拉占据了崇高的情感地位,被视为"高贵布哈拉",有"为所有伊斯兰教徒带来荣耀与欢愉"的美誉。① 在漫长的岁月流转中,随着居民日益增多,布哈拉的宗教日益多元化,但是伊斯兰教始终占据着不可动摇的主导地位。倘若在城市里徜徉,随处可见各种充满伊斯兰风情的建筑,古老的清真寺、肃穆的神学院比比皆是。其中最为著名的当数卡梁清真寺,它于1121年由喀喇汗王朝统治者阿尔斯兰汗建造,后在成吉思汗大军入侵时被烧毁,如今我们见到的清真寺是在1514年重建的。卡梁清真寺装饰非常华丽,寺内有方形院落,4个平顶凉亭,周围是圆顶回廊,共有288个圆顶,节日的时候可以同时容纳1万人。卡梁清真寺是卡梁建筑群的一部分,它通过一座桥梁与高约46米的卡梁宣礼塔相连。这座大高塔是布哈拉的标志性建筑,它的高大、宏伟象征着伊斯兰教的尊贵和富有。塔内有狭窄的环形阶梯通往顶部,登上塔顶便可以俯瞰布哈拉的全景。它高耸在城市中间,从很远的地方就能望到,曾经是疲惫的沙漠旅行者的灯塔。据说,此塔在当时不仅具有召唤祈祷的功能,还是执行死刑的地方,罪犯会被行刑者从塔顶扔下去,因此它还被称为"死亡之塔"。此外,乔尔-米诺尔清真学校、保拉-浩兹清真寺、查尔清真寺、拉希姆汗清真寺也别具特色,这些建筑无一例外都建有高高的宣礼塔,布哈拉也因此有了"伊斯兰穹顶"的美称。

---

　　①　斐染:《白金之国乌兹别克斯坦:世界上最大的双重内陆国的古城群》,《环球人文地理》2020年第1期,第24—35页。

　　除了清真寺,四面筑有坚固城墙的沙赫里斯坦古城堡,历代布哈拉统治者生活和工作的阿尔卡禁城,埋葬着萨曼王朝统治者的萨曼陵墓,这些修建于各个王朝的古建筑也独具匠心,极负盛名,充分显现了布哈拉这座历史名城昔日的繁华,以及它长期作为贸易重镇和宗教中心的地位。其中,萨曼陵墓是9—10世纪中亚建筑艺术的杰出代表,以优美的造型和独特的建造技巧而著称。这是一座高大的红褐色石砖镂空建筑,外形古朴庄重,呈立方体状,覆以半圆拱顶,四角有球状小圆顶。大圆顶与立方体的结合,象征着天地相通。整个陵墓由砖砌成,造型简朴,非常坚固。陵墓墙壁的表面镶嵌有精巧别致的花、草、鱼、虫或历史典故图案。该陵墓是伊斯兰文化的经典之作,虽然构造简单,但其建筑手法多样,被誉为"东方的珍珠"。据说外族入侵时,这座陵墓已经被洪水淹没在了泥土中,因此才免遭破坏,直到1934年才由苏联考古队发现并挖掘出来。如今,这座历经战乱与风雨洗礼的千年古墓,已经成了中亚地区穆斯林乐于拜访的圣地。

　　乌兹别克斯坦的每座城市似乎都有一句名言"加持",希瓦古城的光环并不比撒马尔罕弱。有一句中亚古谚语这样形容这座城的美丽:"我愿出一袋黄金,求看一眼希瓦。"希瓦是一个童话般的中亚古城,关于它起源的传说也很具戏剧性:《圣经》中上帝制造的大洪水退去后,诺亚的儿子闪与家人失散,迷失在茫茫沙海中。一天晚上,近乎绝望的闪梦到300盏燃烧的火烛,他相信这是吉兆,醒来后又重拾信心,继续前行,没多久就发现了一座城池,形状与梦中火烛围出的形状一模一样,于是他将这座城池命名为希瓦,意为"好开心"。希瓦被誉为"中亚的明珠""太阳的国度",是体现乌兹别克斯坦民族建筑艺术和建筑水平的瑰宝。昔日的希瓦是丝绸之路上最大的奴隶市场,如今是一片宁静的绿洲、古城。它不仅是乌兹别克斯坦的骄傲，更是人类文明史上的奇迹，这里拥有众多保存完好的古迹和建筑，1990 年已被联合国教科文组织确定为世界古城，并作为世界文化遗产列入《世界遗产名录》。

希瓦古城最著名的是伊钦卡拉内城，它是乌兹别克斯坦的第一处世界文化遗产，面积不过五六平方公里，却保留了 50 多处历史古迹，其中包括中亚地区保存最完好的古城墙。充满伊斯兰风情的伊钦卡拉内城里，随处可见装饰着马赛克、大理石和珍稀木材的建筑遗迹。作为保存完好、整体连贯的城市，伊钦卡拉内城成为早已消失的花剌子模文明的罕有见证。

希瓦最与众不同的地方在于，城内有很多居民居住，有 30 余座博物馆，展现今古相接的独特文明。因此，希瓦也被称为"活的博物馆"。

塔什干、撒马尔罕、布哈拉、希瓦，这些古城的建城史堪比巴比伦、雅典。从学院到陵墓，从寺庙到庭院，一切都是那么美轮美奂，置身其中，空气都仿佛凝固，当年统治者的骄傲与霸气似乎犹存。几千年来，形形色色的人来了又去，给这片土地留下了绚烂的物质和精神财富。如今的乌兹别克斯坦依然熙熙攘攘，生活在这里的人们善良、淳朴，演绎着动人的中亚故事。无论是大巴扎里精美绝伦的民间手工艺，还是市井里弄中那团让人想家的喷香烟火气，这个充满故事的国度在时光的打磨下越发彰显亲切感和生命力。

不论在什么时代，不论在什么地方，美食始终是人们共同的向往。在乌兹别克斯坦的大街上随便拽个人，问他当地最好吃的东西是什么，你十有八九会得到这个答案："抓饭。"实际上，乌兹别克的饮食文化非常独特，抓饭、烤包子、"苏尔帕"羊肉汤和烤羊肉串共同构成了乌兹别克民族引以为豪的"餐中四宝"。但抓饭无疑是"宝中之宝",被尊为乌兹别克人的"国饭"。在塔什干最高建筑电视塔附近有一家名为"中亚抓饭中心"的餐厅,被人们誉为"中亚第一"抓饭中心,以超大铁锅制作超量抓饭的壮观场面闻名,俨然已经成为乌兹别克斯坦乃至整个中亚地区的著名人文风景。

身着传统服饰的乌兹别克斯坦青年正在展示美味的抓饭

抓饭的历史悠久,几乎与种植大米的历史相当。据悉,抓饭最初并不是诞生在中亚而是在印度,属于素食之一。而当抓饭传到波斯以后,人们在饭里加入了肉类以及当地香料,于是便有了今天的中亚抓饭。如今抓饭以中亚为中心,向土耳其等地传播,并通过古丝绸之路向东进入中国,向西进入欧洲。抓饭虽然不是乌兹别克斯坦独有的美食,但乌兹别克斯坦的抓饭却是独一无二的,让人念念不忘。而抓饭也是乌兹别克人一生都无法离开的食物,无论婚丧嫁娶还是喜庆节日,抓饭都是压轴的一道重磅菜。没吃过抓饭,可千万别说来过乌兹别克斯坦。

　　既然是抓饭,顾名思义一定是要用手抓着吃才正宗。早年间抓饭并不是经常能吃到,只有逢年过节、婚丧嫁娶才吃得到。吃饭时客人在地毯上席地而坐,面前铺一块干净的餐布。随后,主人家的女眷拿着水壶帮客人用水净手,然后把抓饭放在餐布上,请客人直接用手抓食。当然,如今并不是每个乌兹别克斯坦人都会遵守这个传统的规则。在公共场所,当地人们也用勺子吃抓饭。那么,为什么中亚居民会用手吃饭呢？这是因为中亚地区的居民认为,当你用手拿热食时,能够"发出信号",身体就会"适应高温",而用勺子则起不到这样的作用。所以,在中亚地区居民看来,用勺子吃热食"不利于消化"。在吃抓饭时,还配有新鲜酥脆的糕点、清新多汁的水果等食品。用餐开始之前,长者会简短地发言,感谢有机会享用丰盛可口的餐食。发言后,长者率先开始吃,随后其他家庭成员才可以吃。

　　乌兹别克斯坦抓饭一般可以分为宫廷抓饭、婚礼抓饭和茶馆抓饭,基本由大米、羊肉、胡萝卜、黄萝卜、葡萄干、鹰嘴豆、洋葱及各种香料组成,再根据不同种类添加马肠子、鹌鹑蛋或鸡蛋,添加的料越多价格越高。在中亚各地,羊屁股靠近尾巴上的那块大肥油是抓饭喷香的秘诀。听起来油腻,可少了这个宝贝,是不能称为一碗美味抓饭的。主人一般会把这块羊油给最尊贵的客人。烹制抓饭需要一口大铁锅,当地人管它叫"喀山",和俄罗斯一座城市的名字完全一样。据说,当年鞑靼人抵达喀山时,看到当地的地形非常像做抓饭的大锅,脱口而出:喀山！于是这种大锅居然就成了一个城市的名字。

　　在乌兹别克斯坦,家家都会做抓饭,但是由于对食材、调料、火候的掌控不同,每家做的味道可能截然不同。虽然人人都有做抓饭的诀窍,但制作抓饭的基本流程大体是一样的:先把油烧热,然后依次放入洋葱块、羊肉、胡萝卜条、鹰嘴豆,加盐翻炒,加水炖一个小时,然后在上面加入大米。再次加水把大米覆盖上,然后加入小茴香、姜黄、辣椒、藏红花、葡萄干等,盖锅盖小火焖制 20 分钟左右即可。最后再将整锅的食物翻炒一遍,让食材充分混合,就大功告成了。

　　这就是乌兹别克斯坦,一个在古老的历史中孕育出新生的国家,一个充满美景和美食的梦想国度。这里有独具特色的古代建筑遗址和历史文化景观,还有令人神往的自然风光,丰富多彩的旅游资源吸引了世界各地的游客。而为了建立现代、高效、有竞争力的旅游综合体,解决旅游业发展中的各种问题,乌兹别克斯坦政府也是不遗余力地做了很多努力:制定和实施一系列法律法规,为旅游业发展营造良好的投资环境;设立旅游经济特区,以优惠政策鼓励私企和外企参与旅游业经营,使旅游业投资多元化;创办专门学校培养高素质的旅游管理人才;与国际组织积极开展合作,推介宣传旅游资源,提升国际形象和知名度。政府对旅游业发展的高度重视,转化为行之有效的得力措施,再加上得天独厚的丰富旅游资源,这些都使得乌兹别克斯坦的旅游业多年来得以持续发展。

　　乌兹别克斯坦独立之后,政府仍旧将旅游业视为经济发展的优先方向,因此旅游业也成了乌兹别克斯坦最年轻、发展最快的经济部门。在政府的努力下,布哈拉、希瓦、撒马尔罕等古城被联合国教科文组织世界遗产委员会列入《世界遗产名录》,旅游交通基础设施不断完善,旅游业的投资额持续增长。当然,在取得一定成绩的同时,也必须承认乌兹别克斯坦的旅游业发展还存在着诸多问题,如旅游业的管理体制机制不尽完善,旅游基础设施、旅游服务质量和水平与国际标准仍有较大差距,旅游业对国家经济的贡献率、吸引外国投资的规模、对居民就业的保障程度都远远落后于世界平均水平等。

米尔济约耶夫就任总统以来,提出了一系列改革举措,其中发展旅游业是重要方向之一。2016 年 12 月,米尔济约耶夫签署了《关于采取措施保障旅游业加速发展的总统令》,要求对旅游业进行全面改革,提高该领域国家政策水平。政府在原有国家旅游公司的基础上,成立了国家发展旅游委员会,并在各地建立了全权代表处。其主要职责包括:自 2017 年 1 月 1 日起负责向旅游行业企业颁发从业许可证;对旅游服务的规范性履行监督管理职能;吸引外国投资和国际金融机构的贷款;对国内各地区旅游发展计划的实施进行监督和协调;拓展旅游领域的国际合作,将本国的旅游产品推向国际旅游市场;培养、培训旅游从业人才;等等。而实施免签政策、简化签证办理手续、启用电子签证系统,广泛吸引外资,推动各地旅游基础设施发展,保障游客人身安全和健康,发展朝圣、生态、民俗、美食、体育等旅游新模式,开展国际合作、向国外市场推介本国旅游资源,重视旅游专业人才的培养,大力发展国内旅游,这些都成了乌兹别克斯坦旅游业发展的优先方向。2019 年 1 月 5 日米尔济约耶夫签署第 5611 号总统令,批准了《2019—2025 年乌兹别克斯坦共和国旅游业发展构想》,这一举措表明了乌兹别克斯坦政府大力发展旅游业,将其打造为国民经济战略性产业的坚定决心。

而在寻求对外合作方面,中乌同为古丝绸之路上的重要国家,有着良好的政治互信基础,都秉持开放合作、共同发展的丝绸之路精神,双方都拥有丰富的旅游资源,具有开展旅游合作的坚实基础和优势。早在 2018 年 6 月举行的青岛上合峰会上,中国国家主席习近平与乌兹别克斯坦总统米尔济约耶夫就建设丝绸之路国际旅游大学这一乌兹别克斯坦旅游业领域的重大举措达成了原则性共识。乌兹别克斯坦提出希望中国派员担任该校校长顾问,推动该校与中国旅游院校、旅游机构的合作,中国决定由北京第二外国语学院承担这一共建任务,这也成了"一带一路"框架下中国与乌兹别克斯坦的一个国家级合作项目,为乌兹别克斯坦增强在中国的旅游营销、提高旅游从业人员接待中国游客的能力、完善旅游投资规划等方面提供了强大的支持。除了开展合作共建,乌兹别克斯坦也持续对中国游客赴乌旅游释放友好信号,尤其是在办理签证方面:自2018年2月起,乌兹别克斯坦简化中国公民办理个人旅游签证的手续,取消所需邀请函;自2018年7月15日起,开始启用电子旅游签证申请和签发系统,而且如果中国公民在乌境内经国际机场中转和停留时间不超过5天,则可免签入境;自2019年2月起,乌兹别克斯坦进一步简化中国公民签证手续,推出了多次签;自2020年1月1日起,中国游客可通过乌兹别克斯坦国际机场免签进入乌兹别克斯坦,境内停留不超过7天;自2021年3月1日起,乌兹别克斯坦又将针对中国游客的免签政策延长至10天。根据乌兹别克斯坦总统令,中国公民只需出示自己的返程或前往第三国机票,即可免签入境乌兹别克斯坦。

　　旅游业是乌兹别克斯坦的优势产业,目前在国家的积极努力下,正在被打造成为国民经济的支柱产业,不仅有力地促进了经济发展,也切实提高了人民生活水平。而在当前积极推进"一带一路"倡议的背景下,旅游业作为具有独特综合带动优势的产业,完全可以作为中乌深化各领域合作的着力点和重要抓手。相信,未来的中乌旅游合作必定前景广阔、大有可为。

下篇

中国与乌兹别克斯坦的故事

源远流长的传统友谊

　　乌兹别克斯坦历史悠久，是古代"丝绸之路"的必经地区，撒马尔罕、布哈拉、塔什干、希瓦等都是古丝绸之路上的重镇。中国与乌兹别克斯坦的关系有 2000 多年的历史，在很多中国史籍中都有对现今乌兹别克斯坦所在地的记载，如《史记·大宛列传》中的大宛就是现在乌兹别克斯坦境内的费尔干纳地区。在中国，素有"昭武九姓"之说，即乌兹别克斯坦境内的古国多是来自今天甘肃一带的月氏人所建。在南北朝、隋唐时期，不断有中亚人在中国定居，并将自己的母国名称作为自己的姓氏，今天的康姓、安姓、石姓就来自乌兹别克斯坦。可以说，中乌两国人民共同参与创造了丝绸之路的繁荣奇迹，丝绸之路也成为两国人民友谊的纽带。

　　1992 年，乌兹别克斯坦与中国正式建立了外交关系，从此翻开了两国人民友好交往的崭新一页。中乌两国高度互信，双边关系发展平稳、顺利，两国在政治、经济、安全等领域都有着许多共同利益，在联合国、上海合作组织、亚洲相互协作与信任措施会议（亚信会议）等国际多边框架内保持密切沟通、协调立场，维护两国共同利益，为世界和平与进步做出了积极贡献。双方始终保持各层级定期磋商和政治对话，就双边关系和重大国际问题及时交换意见，加深相互理解，并就双方共同关心的问题协调立场。双方坚定支持对方根据本国国情选择的发展道路，支持对方在核心利益问题上的立场，相互支持双方在国际领域提出的合作倡议。继建交之后,2005 年两国关系升级,签订友好合作伙伴关系条约。随着中国综合实力的增强,乌兹别克斯坦越来越重视发展与中国的关系,两国于 2012 年正式建立了战略伙伴关系。2013 年中国国家主席习近平提出建设"丝绸之路经济带"的倡议,时任乌兹别克斯坦总统的卡里莫夫高度赞扬这一伟大的历史性倡议,认为这是复兴古代丝绸之路的重大举措。乌兹别克斯坦的其他高级官员也一再表示,乌兹别克斯坦的繁荣与中国紧密联系在一起,愿积极参与"丝绸之路经济带"的建设,促进两国之间货物、资本和人口的互联互通。2016 年,中乌关系实现了跨越式发展,提升至全面战略伙伴关系,政治互信和战略合作不断深化,互利合作在各个领域蓬勃发展,在深化传统友谊、扩大互利合作、共同推进"一带一路"建设方面达成新的重要共识,为下一阶段中乌关系发展指明了方向。

中乌两国建交以来高层领导人频繁互访,取得了一系列喜人的成果。其中包括 2011 年中乌政府间合作委员会成立,下设经贸、能源、交通、科技、安全、人文和农业 7 个分委会,为统筹规划、协调指导、拓宽深化中乌各领域合作搭建了一个重要平台,也有利于及时解决两国合作中出现的问题。此外,中乌两国还签署了一系列协议,比如 1994 年签署的《发展和深化双方互利合作的基本原则的声明》,1999 年签署的《进一步发展友谊与合作条约》,2009 年签署的《中华人民共和国政府和乌兹别克斯坦共和国政府长期贸易协定》,2010 年签署的《中华人民共和国政府和乌兹别克斯坦共和国政府间非资源和高科技领域合作规划》,2012 年签署的《中华人民共和国和乌兹别克斯坦共和国关于建立战略伙伴关系的联合宣言》,2013 年签署的《中乌友好合作条约》,2014 年签署的《中乌 2014—2018 年战略伙伴关系发展规划》等重要文件。这些文件把中乌两国关系发展的原则和方向以条约和规划的形式固定下来,推动了中乌战略伙伴关系迈上一个新台阶。

　　在经贸合作方面,截至 2017 年,中乌建交 25 年来两国贸易额增长了将近 70 倍。2017 年,中国对乌兹别克斯坦投资和贷款总额超过 76 亿美元,成为乌兹别克斯坦第一大投资来源国和第一大贸易伙伴。700 多家中国企业在乌兹别克斯坦开展业务,从事能源、化工、基础设施、工业园区、农业、电信、纺织和水利灌溉等产业。① 值得注意的是,中国与乌兹别克斯坦的进出口贸易结构,从建交至今不断在变化和改善,朝着越来越优化合理的方向发展。合作之初,中国主要从乌兹别克斯坦进口棉花、皮毛、有色金属和矿产资源等产品,乌兹别克斯坦主要从中国进口纺织品、服饰、电器设备等产品。随着贸易往来的加深,中国同乌兹别克斯坦的贸易结构开始发生变化,先是中国开始从乌兹别克斯坦进口航空类产品,并成为当时中国从该国进口的第三大类产品。紧接着乌兹别克斯坦从中国开始进口更多的机械类产品。到 2000 年以后,乌兹别克斯坦从中国进口产品种类多达 200 余种,中国从该国进口产品种类超过 40 余种。乌兹别克斯坦从中国进口产品结构变化为以电气设备、塑料轻工业品、茶叶、食品等生活消费品为主,在这个时期,中国从乌兹别克斯坦进口产品结构变化不大。由于中国制造能力不断提升,科研水平逐步提高,生产出了更多符合世界市场需求和乌兹别克斯坦市场需求的高附加值产品,乌兹别克斯坦自 2004 年以后开始从中国进口仪表仪器、电子产品、机电设

---

　　① 　周建英:《"一带一路"国别概览:乌兹别克斯坦》,大连海事大学出版社 2018 年版,第 106 页。

备、整车机动车等高附加值产品。中国开始从乌兹别克斯坦进口天然气、化工产品、黑色和有色金属等。2018年,乌兹别克斯坦主要向中国进口化学产品及其制品、电机和电气设备、机械设备,并且中国一直是乌兹别克斯坦机械设备类产品第一大进口来源国、第一大化工产品及其制品供应国。中国主要从乌兹别克斯坦进口天然气,同比2017年增长了1.2倍。此外,在乌兹别克斯坦的樱桃和绿豆允许进入中国后,中国对乌兹别克斯坦的化工产品和食品进口也实现了较快增长。

中国与乌兹别克斯坦的经贸往来离不开金融的支持,经过多年发展,中乌两国的金融合作取得了丰硕的成果。2009年,乌兹别克斯坦开通使用并发行中国银联卡。2011年4月,双方签署了金额为7亿元人民币的双边本币互换协议,此次协议的签订使乌兹别克斯坦成为中亚国家中率先与中国人民银行开展货币互换的国家,也成为中国与中亚国家开展货币互换合作的起点,是中国推进跨境人民币贸易和投融资结算的重要措施,为人民币在中亚地区发挥国际储备货币职能奠定了良好的开端,意义重大。乌兹别克斯坦也积极响应中国提出的亚投行筹建倡议,并加入亚投行。亚投行将促进乌兹别克斯坦基础设施方面的建设,对继续深化中国同乌兹别克斯坦的经贸合作发挥积极作用。

两国在人文领域也积极合作。人文领域的交流与合作通常包括文化、教育、科技、体育、旅游等方面的交流合作。在全球化时代,人文领域的交流合作形式日趋多样化,除了两国间文化、教育、科技、体育等部门之间组织实施传统的交流合作项目以外,语言和文化传播、文化产品的输出、大型综合性文化交流活动,如文化节、文化日、艺术节等活动形式得到了迅速的发展。乌兹别克斯坦独立后,中乌文化部门和文化艺术机构在人文领域签订了一系列合作协议,如 2004 年《中乌文化部 2004—2007 年文化交流计划》、2013 年《中华人民共和国和乌兹别克斯坦共和国友好合作条约》、2015 年中国国家画院与乌兹别克斯坦对外友好协会及乌兹别克斯坦文化艺术机构签署合作协议等,为两国文化艺术发展明确了合作方向,建立了合作机制。为更好地落实双方间的文化协议,中乌之间举办了一系列"文化节""文化日"等活动。这些活动通常以文艺演出、电影展、图书展、摄影展、民俗展、文物展等形式出现。如 2011 年在北京举办的乌兹别克斯坦文化日、2012 年在塔什干和撒马尔罕举办的中国文化日、2016 年举办的乌兹别克斯坦中国电影节和中国乌兹别克斯坦电影节、2017 年举办的乌兹别克斯坦中国文化展等。

为促进双方教育合作,两国政府于 1993 年、1994 年、2004 年分别签订中乌《文化、教育、卫生、旅游和体育合作协定》《中国教育部和乌兹别克斯坦高等和中等专业教育部教育合作协议》《中国教育部与乌兹别克斯坦高等与中等专业教育部相互谅解备忘录》。为落实教育合作协议,双方各高校之间互相签订合作协议,在地区和国际问题研究、人才培养等领域展开了全面合作。中国成立乌兹别克斯坦研究中心,中央民族大学、北京外国语大学和上海外国语大学等中国院校开设乌兹别克语课程;乌兹别克斯坦塔什干国立东方学院开设汉语系,世界语言大学等高校及中学设立汉语课程;塔什干孔子学院作为全球首个签约孔子学院,每年招收超过 350 名学生。

在科技领域,中乌双方于 1992 年、2010 年分别签署了《中乌科学技术合作协议》《中华人民共和国和乌兹别克斯坦共和国政府间非资源和高科技合作领域规划》,于 2012 年、2014 年、2017 年签署 3 次科技合作会议纪要。双方科技部门于 1992

年、1993 年、2002 年、2005 年、2006 年进行多次技术合作访问。

在旅游合作领域,中乌两国同为丝绸之路上的重要国家,双方开展旅游合作有广泛需求和坚实基础。1999 年、2005 年、2009 年、2013 年中乌双方分别签订了《中国旅游局与乌兹别克斯坦国际旅游公司合作协议》《中华人民共和国国家旅游局和乌兹别克斯坦共和国国家旅游公司旅游合作协议》《关于中国旅游团队赴乌兹别克斯坦旅游实施方案谅解备忘录》《中华人民共和国政府和乌兹别克斯坦共和国政府旅游合作协定》。特别是习近平总书记提出"一带一路"倡议后,双方进一步加强旅游合作,扩大旅游规模。

2016 年 11 月,乌兹别克斯坦总统米尔济约耶夫在会见中国外交部部长王毅时表示,感谢中国坚定支持乌兹别克斯坦走符合本国国情的发展道路,中国的态度充分体现了乌中之间高度的政治互信和高水平的相互支持。乌兹别克斯坦愿以共建"一带一路"为契机,进一步巩固和发展乌中全面战略伙伴关系。同时,乌兹别克斯坦坚定不移地支持一个中国政策,支持中国维护自身的核心利益和重大关切,支持中国在打击"三股势力"方面的立场,愿与中国在上海合作组织等多边框架内加强协调配合,把两国关系推向全新的发展水平。

2017 年 5 月 11—13 日,米尔济约耶夫总统首次对中国进行了国事访问,与中国国家领导人举行了会谈,双方就进一步加强政治、经贸、投资、石油化工、交通、通信、金融、科技、农业、文化、教育、旅游等领域的合作达成了重要共识,还就共同关心的国际和地区问题广泛交换了意见,商定联手共同打击恐怖主义、极端主义、分裂主义"三股势力"。两国元首签署了《中华人民共和国和乌兹别克斯坦共和国联合声明》,双方有关部门签署了《中华人民共和国政府和乌兹别克斯坦共和国政府国际道路运输协定》《中华人民共和国政府和乌兹别克斯坦共和国政府经济技术合作协定》等政府间合作文件。中国表示,目前双方在共建"一带一路"框架内紧密合作,实施了一系列大型合作项目,给两国人民带来了实实在在的好处。双方要继续挖掘经贸合作潜力,扩展商品贸易种类,提升双边贸易规模,中国愿在平等自愿、互利共赢的基础上,同乌兹别克斯坦在拓展产能、投资、工业园区、基础设施建设等领域开展合作。米尔济约耶夫总统表示,中国是历史悠久的文明古国,具有巨大的发展潜力,多年来坚持道路自信,向着自己的既定发展目标稳步前行,取得的社会经济发展成就举世瞩目,是当之无愧的世界经济主要领导者之一。在当前国际形势复杂多变的情况下,中国在促进世界和平和推动全球经济增长方面发挥了重要的积极作用。乌兹别克斯坦感谢中国对乌兹别克斯坦社会经济发展的大力支持和帮助,目前双边关系已顺利进入全新的历史发展阶段,乌兹别克斯坦愿与中国进一步深化乌中全面战略伙伴关系,密切两国各领域、各层级交往,以"一带一路"建设为主线,深化经贸、投资、产能、石化、基础设施、农业、电力、水利、教育、文化等各领域的合作,同时加强在联合国、上海合作组织等国际多边组织框架下的协作。乌兹别克斯坦的繁荣与中国紧密联系在一起,乌兹别克斯坦愿意积极参与"一带一路"的建设,促进两国之间货物、资本和人员的互联互通。

可见,"一带一路"倡议符合中乌两国的共同需要,在此框架内,两国不但可以促进经贸往来,更能巩固人民间的友好关系,共同促进中亚地区的和平、稳定与发展。但是随着倡议的逐步深入,在中乌两国持续友好发展的外交大背景下,双边经贸合作在继续享有众多机遇的同时,也会面临不少挑战。

一方面,中乌两国正在致力于打造结构更为优化、内涵更为丰富的务实合作新格局,进一步创新产能合作模式,推进相关项目合作,将两国经济互补优势切实转化为合作成果。中国方面也在鼓励有实力、有信誉的企业本着市场化、商业化原则扩大对乌兹别克斯坦的投资合作,同时加大乌兹别克斯坦优质农产品的进口。由此可见,中乌两国在经贸合作方面还有巨大的发展空间和发展机遇。特别值得一提的是,两国的经贸往来离不开金融的支持。经过多年发展,中乌两国的金融合作取得了丰硕的成果。2009 年,乌兹别克斯坦开通使用并发行中国银联卡。乌兹别克斯坦也积极响应中国提出的亚投行筹建倡议,成了亚投行首批创始成员国,亚投行提供的资金大大促进了乌兹别克斯坦基础设施方面的建设,对继续深化两国的经贸合作发挥了积极作用。

另一方面,乌兹别克斯坦特殊的地理位置、发展历史等客观条件使两国的经贸合作也面临不小的挑战。从地缘政治和地缘战略来说,中亚国家处于欧亚大陆中心地带,战略地位极其重要,且各种资源丰富,市场潜力巨大,一直是大国政治经济利益争夺的重要区域。各大国对中亚地区虎视眈眈,通过各种手段在中亚地区进行权力和利益的博弈,加之中亚地区反恐形势严峻,"三股势力"经常骚扰塔、吉、乌三国交界的费尔干纳盆地,且毒品交易、跨国犯罪活动猖獗,不利于中乌两国的经贸往来。而就乌兹别克斯坦国内的发展情况来看,其经济发展总体上还处在市场经济转型期,尚未形成完整的经济体制,法律法规变动性较大且不健全,对外经济政策时有变动,管理体制与中国和国际惯例也存在一定差异。乌兹别克斯坦的贸易退出壁垒也较高,由于乌兹别克斯坦银行对中国企业存取数额的规定具有一定的随意性,中国企业不能按时汇出外汇,影响企业的资金效益。再加上政府有关部门的执法随意性也比较大,这必然会影响到乌兹别克斯坦的经济政策和投资政策,进而影响中国投资者的积极性。此外,乌兹别克斯坦地处内陆,离海岸较远,与中国贸易往来只能通过陆上运输。但是,一来乌兹别克斯坦公路网、铁路网等交通基础设施落后,资金缺乏,影响运输效率;二来中乌两国在地理位置上不接壤,没有直接的运输渠道和路线,所有运输均需要通过第三方国家,虽然中国与中亚各国签订了一系列多边运输协定,上海合作组织成员国之间也签署了国际道路运输便利化协定,但在中乌实际经贸合作过程中,过境国家还是会以各种借口进行阻挠,加大进出口手续办理的难度,而且货物通过其他国家运输,一旦运送量过大,就会存在交通瘫痪的可能,加之中亚国家反恐形势严峻,车辆被袭事件时有发生。而且中国与乌兹别克斯坦在铁轨标准方面的差异性,导致两国经铁路运输的货物需要换装才能入境,这也大大增加了运输成本和时间,货物的安全性也会受到影响。

为了克服中国和乌兹别克斯坦在经贸合作中的不利因素,进一步深化互利共赢合作,两国都应做出调整和努力。首先,要继续优化贸易和投资结构。一是要持续扩大贸易领域,争取在金融、会展、文化旅游、服务贸易等领域加大合作力度。二是着眼于市场需求,把努力方向聚焦在提高产品技术含量、产品质量、品牌价值、售后服务等方面。三是将贸易结构从进口原料、矿产资源或者初级加工产品向输出先进设备、成熟技术、高效管理手段转变。四是进一步扩大非能源领域的合作,如制造业。五是拓展金融领域的合作。其次,中乌双方应共同努力提升贸易通关便利化水平。一是要建立海关检验检疫、交通、物流跟踪等信息共享机制和平台,加强信息互换。二是继续推进口岸建设,进一步加强口岸信息化网络的建设,加大口岸通关便利化程度,打造电子口岸。三是共同开展研究,建立国家认证认可体系。四是公开海关通关流程,规范通关手续和行为,打击严惩腐败行为,整治"灰色通关"行为,降低通关成本,提升通关效率。五是降低关税与贸易壁垒,放宽劳务、旅游、商务等签证要求和时间,方便双方公民的跨境工作和旅游。

相信,随着"一带一路"倡议的进一步深化落实,在两国政治互信持续增强的基础上,中国和乌兹别克斯坦在政治、经济、人文等各领域的合作都会更加紧密有效。

云时代下共建数字丝绸之路

2013 年 9 月和 10 月,中国国家主席习近平在出访中亚和东南亚国家期间,先后提出共建"丝绸之路经济带"和"21 世纪海上丝绸之路"的重大倡议,得到国际社会的高度关注。加快"一带一路"建设,有利于促进沿线各国和地区的经济繁荣与区域经济合作,加强不同文明之间的交流互鉴,促进世界和平发展,是一项造福世界各国人民的伟大事业。"一带一路"建设是一项系统工程,需要秉承共商、共建、共享原则,积极推进沿线国家和地区可持续发展战略的沟通和协作。为推进实施"一带一路"重大倡议,让古丝绸之路重新焕发全新的生机与活力,借力新产业革命的契机,以全球可持续发展和生态文明的视野,促进亚欧非各国的相互联系、互利合作,中国作为该倡议的提出者,制定并发布了《推动共建丝绸之路经济带和 21 世纪海上丝绸之路的愿景与行动》。

2017 年 5 月 14 日,"一带一路"国际合作高峰论坛在北京开幕,习近平主席发表主旨演讲,提出要坚持创新驱动发展,加强在数字经济、人工智能、纳米技术、量子计算机等前沿领域的合作,推动大数据、云计算、智慧城市建设,连接成 21 世纪的数字丝绸之路。由此可见,数字丝绸之路是"一带一路"的重要组成部分,是面向沿线国家和地区发展大数据、云计算、智慧城市等数字经济形态和人工智能、纳米技术、量子计算机等信息相关产业的合作载体。

数字丝绸之路的提出,一方面是由于数字经济在全球层面的蓬勃发展填补了巨大的市场空间,新的经济热点、新的商业模式、新的营利手段令人目不暇接;另一方面则是由于信息技术产业与传统产业深度融合所形成的巨大产业变革,催生了新的产业形态和规划,对人类文明将产生极为深远的影响。当前,世界正在进入一个全新的时代。随着第四次工业革命发展大潮的到来,高速穿行的中欧班列运输体系代替了古老丝绸之路上缓慢前行的沙漠驼队,而互联网时代便利的网络空间也极大地提高了信息沟通的有效性,这些都为丝路沿线各国的经济转型和快速发展提供了崭新的机会。如今,开展数字技术革命和发展数字经济不但对一国经济社会的发展有着十分重要的意义,而且也已经成了一国国家安全的重要组成部分。对于许多正在崛起中的发展中国家而言,如何把握住这场科技革命带来的崭新机遇,顺利进行数字化改革,进而享受到数字经济的红利,对本国经济社会的发展,乃至改变国际舞台上的国家力量对比,都意义非凡。

2016 年 G20 杭州峰会发布的《二十国集团数字经济发展与合作倡议》认为,数字经济是指以数字化的知识和信息作为关键生产要素,以现代信息网络作为重要载体,以信息通信技术的有效使用作为效率提升和经济结构优化的重要推动力的一系列经济活动。而事实上,数字经济这一概念早在 20 世纪末就已经提出了。在 1995 年出版的专著《数字经济》中,作者加拿大管理学家唐·泰普斯科特详细论述了互联网对经济社会的影响,被认为是最早提出数字经济概念的学者之一。随后,世界各国开始重视发展数字经济,纷纷制定数字经济战略,加强国家间数字经济的互联互通,期望能够通过发展数字经济来拉动经济复苏。而数字经济天生就是一种跨越国界、要求要素自由流动的经济形态,因此数字经济的跨国界合作必将成为未来全球经济发展的重要方向之一。可以说,数字丝绸之路是中国站在全新的战略高点,面向中国和全球经济发展的未来做出的一个高瞻远瞩的战略决策,是配合"一带一路"倡议,在"一带一路"沿线国家和地区构建的数字经济基础设施及有助于实现合作共赢的数字经济公共服务平台以及相关机制。

　　近年来,为提高国民经济的现代化水平,适应全球经济社会数字化改革的潮流,中亚国家也普遍把数字经济视为构建现代化经济体制、促进自身经济社会高质量快速健康发展的一项重要抓手,并主动寻求该领域的国际合作。积极参与共建数字丝绸之路,正是一些经济、科技欠发达的国家和地区在当前全新的时代背景下,抓住新机遇、谋求新发展的最佳路径。

　　乌兹别克斯坦共和国曾经是古代丝路的交通要冲,如今又成了"一带一路"的主要参与国家,也是数字丝绸之路建设中不可或缺的重要一环。数字化发展是乌兹别克斯坦现阶段经济转型的主要趋势,这也决定了它与中国在共建数字丝绸之路方面存在着较大的合作潜能。而中乌在数字经济领域的合作也构成了两国战略协作伙伴关系的重要内容,将持续为双边关系的进一步深化增添活力,从而共同推动整个中亚地区的安全稳定和繁荣发展,携手构建人类命运共同体的伟大实践。

　　就目前情况来看,乌兹别克斯坦国内的数字化转型起步相对较晚,现阶段发展水平还比较低,存在着许多困难与不足。不过令人欣喜的是,乌兹别克斯坦国家层面十分重视数字经济的发展,将该领域作为国家经济社会未来的重点和优先发展方向。2018 年 2 月,乌兹别克斯坦颁布总统令《进一步完善信息通信技术的措施》,对本国信息通信技术的发展做出了具体规划。2018 年 7 月,国家层面又颁布了一份旨在促进国家信息通信技术全面发展的战略性指导文件——《乌兹别克斯坦共和国数字经济的发展措施》。2019 年 11 月,乌兹别克斯坦政府公布了《数字乌兹别克斯坦 2030 年国家战略构想》草案讨论稿与实施路线图,计划在 2020 年 10 月 1 日以前制定《2030 年国家数字战略》,并明确该领域内短期、中期和长期的优先发展计划,其中包括 2030 年以前预期完成的数字发展任务。按照该文件,乌兹别克斯坦数字化发展战略的目标主要包含:实现数字经济、电子政务、信息和通信技术以及创新技术领域的系统发展;提升城乡居民的数字化学习能力,并培养一批优秀的数字经济人才;普及远程工作方式;完善电信基础设施建设,扩大数据处理中心规模,并开展技术创新项目;建立健全数字经济发展领域的立法工作;提升大数据的获取与加工效率;引入更为现代化的信息技术项目和企业融资形式;设立风险基金,打造科技园区,积极引进外商投资,推动面向出口市场的新技术和新产品研发;强化数字经济发展领域的国际合作。根据政府预测,期望到 2030 年乌兹别克斯坦国内可以建成一个高效、安全、便捷和智能的高速移动通信网,形成一个稳定且具有竞争力的通信服务和电信产品市场,并缩小城乡之间的数字化发展差距。[①]

乌兹别克斯坦政府还抓住传统的主题年为发展契机,把 2020 年确定为"科学、教育和数字经济年",要求 2020 年全面实现建筑、能源、农业、交通运输、地质、医疗卫生、教育和档案管理等领域的数字化转型,并为创新型技术产业的蓬勃发展提供优良环境,提升政府的工作效率,向乌兹别克斯坦民众和各类

---

① 王海燕:《中国与中亚国家共建数字丝绸之路:基础、挑战与路径》,《国际问题研究》2020 年第 2 期,第 54—67 页。

企业实体提供更为便利的国家服务。2020 年 4 月 28 日,乌兹别克斯坦总统签发《大力推广数字经济和电子政务的措施》的决议,希望达到以下目标:在 2023 年之前,使数字经济在国内生产总值中的占比提高 1 倍;软件与信息技术产品的服务业务量增长 2 倍,出口额达到 1 亿美元;在 2022 年之前,电子政务产品在政府公共服务中的占比达到 60％。[①] 2020 年 5 月 11日,米尔济约耶夫还专门召开了视频会议,敦促在全国范围内加快推进数字经济和电子政务的发展。由此可见,数字化发展已然是米尔济约耶夫在任期间的主要工作任务之一,是乌兹别克斯坦全社会的迫切要求。

数字丝绸之路是一条科技创新之路,是一条需要"一带一路"沿线国家科技工作者超越国界限制,共同携起手来,一起遵循"共商、共建、共享"原则的全球信息科学和信息经济协同发展之路。中国引领并不断推动数字丝绸之路的建设,也在通过实际行动积极回应着沿线国家参与共建、共谋发展的呼声。目前,中国相关企业主动走出去,对接沿线国家,分享自己在技术、人才、资金和发展规划等领域的成功经验和资源优势,在重视当地企业利益和可持续发展的基础上开展合作,逐渐建立起了互惠互利共生的良性发展模式。

2018 年,第二届"华为中亚创新日"在乌兹别克斯坦首都塔什干市召开,大会探讨了信息通信技术在乌兹别克斯坦的应用前景。乌兹别克斯坦与会代表一致表示,愿同中国华为技术有限公司展开合作,共同推进共建数字丝绸之路,并相信这一合作能够加强两国之间的经济联系,有助于乌兹别克斯坦国内形

---

① 郭晓婷:《乌兹别克斯坦数字化转型及与"数字丝绸之路"的对接》,《欧亚经济》2020 年第 6 期,第 62—79 页。

成创新的发展氛围,为其全面实现数字化转型进一步创造条件。2019年4月,米尔济约耶夫总统应邀访问了华为在北京的研发中心,更直观地了解了华为在信息通信基础设施建设、5G技术开发、云计算、终端运营以及国家安全建设和智慧城市等方面的最新科技成果。这些数字化技术、数字化应用场景以及创新技术解决方案都很好地契合了米尔济约耶夫总统的经济发展理念,尤其符合现今乌兹别克斯坦数字化转型领域的发展战略。

米尔济约耶夫曾经强调,信息通信技术产业的发展将是促进国家投资环境和公共安全改善的关键因素,同时也是拉动企业经济增长的重要引擎之一。作为世界领先的信息通信技术基础设施和智能终端供应商,华为提供的前沿理念和技术创新正好可以系统地弥补乌兹别克斯坦的数字化转型短板,有效推动数字经济发展,助力乌兹别克斯坦参与全球新科技革命和全球产业链,同时也为中国的数字企业进一步拓展国际化运营创造良好条件。据悉,乌兹别克斯坦共和国信息技术和通信发展部与信息公共安全中心已计划应用华为提供的解决方案在乌兹别克斯坦实施"平安城市"项目。在参观过程中,米尔济约耶夫总统对医疗服务领域的数字化改革以及农村地区紧急医疗服务也表现出了浓厚兴趣。华为公司提供的紧急医疗服务整合网络解决方案,通过建设服务调度中心,可以有效提高医疗服务的速度,提升医疗服务的"电子化"水平,使国家医疗系统焕发新的活力。① 可以说,在中乌国家层面双边发展战略对接合作的大背景下,加上龙头企业的助力,乌兹别克斯坦通过实

---

① 《乌兹别克斯坦总统参观华为北京高端交流中心》,2019-4-25,https://www. huawei. com/cn/news/2019/4/president-uzbekistan-huawei-executive-beijing,2021-6-18。

现数字化转型参与数字丝绸之路的建设,已经具备了基本的可
操作性。

20 世纪 90 年代,美国的"信息高速公路"国家计划奠定了
美国在信息基础设施领域的地位,也为后续互联网企业的创新
提供了强大支持。发展数字经济也必须建立起一条通畅的信
息高速公路,即完善的信息基础设施。如今,数字丝绸之路能
够发展的原因也首推通信网络的发展。5G 是新一代移动通信
技术发展的主要方向,是未来新一代信息基础设施的重要组成
部分。从行业应用看,与 4G 相比,5G 具有更高的可靠性、更低
的时延,能够满足智能制造、自动驾驶等行业应用的特定需求,
拓宽融合产业的发展空间,支撑经济社会的创新发展。5G 时
代的来临必将使世界范围内的经济发展模式发生深刻变化。
数据的高速传输和大规模移动设备可以在整个产业链的不同
节点间实现精确连接和推送,并由此编织一个规模庞大的物联
网体系。这就给产业融合和数字经济的发展提供了前所未有
的机会,可以从总体上促进商业模式的发展和社会生活的转型
升级。

2019 年,乌兹别克斯坦国内已经实现了所有大城市和地区
中心的高速通信网络覆盖。据统计,2004 年之后乌兹别克斯坦
国内所使用的网络设备及部件大部分由中国的中兴和华为两
家公司提供。① 中兴通讯股份有限公司在乌兹别克斯坦的经营
活动开始于 2004 年,公司在当地设立了办事处,并于 2008 年
在塔什干设立了子公司。信息通信是中兴公司在乌兹别克斯
坦开展的重点业务,与当地多家企业进行了不少合作,包括长

---

① 喻智健:《"一带一路"背景下我国互联网经济模式在中亚优势分
析——以哈萨克斯坦为例》,《对外经贸》2017 年第 12 期,第 20—22 页。

期供应 2G、3G、4G 电信设备,网络核心硬件,电源和运输设备,等等。而华为早在 1999 年就在乌兹别克斯坦设立了办事处,与当地企业开展技术合作也已长达 20 余年。公司于 2005 年在塔什干成立了华为技术塔什干投资公司,公司的主营业务包括为当地网络运营商、网络服务和集成系统供应商提供高效的信息通信网络,为当地企业提供世界领先的数字化手段和云计算服务。乌兹别克斯坦国内大部分通信运营商都与华为开展过合作,近半数的乌兹别克斯坦民众都在使用华为的通信技术设备。可以说,华为的信息通信基础设施建设始终是乌兹别克斯坦当地信息通信技术发展的重要推动力,并一直推动着行业发展。2010 年,华为在乌兹别克斯坦开启了首个 3G 网络,2011 年开启了独联体成员国中第一个 LTE 网络(即 3G 技术的演进,是 3G 与 4G 技术之间的一种过渡技术),2016 年又同当地运营商一起建立了乌兹别克斯坦境内的第一个数据中心,2018 年中乌联合完成了乌兹别克斯坦国内首次 5G 信号测试,2019 年再次联合完成首次全面 5G 信号测试。

随着信息通信基础设施的完善和网络服务质量的提高,乌兹别克斯坦从 2017 年底开始逐步启用电子政务管理系统。据统计,2018 年,国家机构为乌兹别克斯坦公民提供了 127 项在线服务,申请业务的总人数高达 320 万人次。① 住房、通信和水电费等电子缴费渠道也得到了广泛应用。此外,政府当局还计划推广电子就诊卡、电子医疗系统和急救系统,并进行全国统一的社会保险登记工作;加快推进铁路运输系统的自动化,在全国交通领域推行使用统一的电子客票;在土壤探测、土地测

① 郭晓婷:《乌兹别克斯坦数字化转型及与"数字丝绸之路"的对接》,《欧亚经济》2020 年第 6 期,第 62—79 页。

量以及农业监控领域使用信息技术,以提升农业的现代化。未来,乌兹别克斯坦政府还打算进一步完善智慧城市的建设,推出电子钱包、闪付等移动支付手段,促动远程医疗、无人驾驶和智能家居等领域中数字经济的发展,实现各个产业与数字经济的深度融合,促进社会向数字化的全面转型。

随着数字丝绸之路倡议的提出和实施,新的贸易方式、新的价值理念、新的经济目标开始在古老商道上沸腾。如今,每一个企业和个人都是丝绸之路的贸易触发点,通过电脑和手机,人们就可以进行商品交易。跨境电子商务作为经济全球化和信息技术的产物,随着互联网上"一带一路"沿线国家和地区间贸易日益频繁,开启了一条"网上丝绸之路",推动沿线国家和地区实现数字贸易共享,从而使中国和沿线各国建立起更为紧密的数字经济发展共同体,推动贸易畅通,是数字丝绸之路建设过程中最适合优先推动的贸易和商业模式。尤其是在突如其来的新冠疫情影响下,大力发展跨境电子商务是促进全球经济复苏、保障各国民生的有效手段。在这方面,中国也与乌兹别克斯坦进行了卓有成效的合作。2019 年 10 月,中国阿里研究院和乌兹别克斯坦信息技术与通信发展部共同探讨了在乌兹别克斯坦建立数据存储和加工处理中心的合作可能性,通过建设 B2B 平台进一步带动乌兹别克斯坦国内电子商务的发展,并扩大中乌两国企业之间的合作交流,进一步推动乌兹别克斯坦企业进军中国市场。2020 年 6 月,PAL(该公司英文名为 Alibaba Russia,是阿里巴巴在俄罗斯的官方合作伙伴)着手帮助乌兹别克斯坦中小企业加入国际互联网平台,利用阿里巴巴公司旗下的"速卖通"网络平台为其开辟海外商品交易市场,以此对抗疫情防控给乌兹别克斯坦经济贸易发展带来的巨大冲击,同时协助企业渡过难关、创新国际合作路径。未来,跨境电子商务必将持续成为中乌两国人民实现贸易互通、增进了解的一个重要渠道。

由于网络市场价值成为新技术应用的关键因素,数据和知识成为新的竞争力来源,数字经济在人口基数更大、交易数据更丰富的国家将更易于获得发展。[①] 乌兹别克斯坦是中亚国家中人口最为密集的,人口数量在独联体国家中位居第二,并且超过 60% 的人口是年轻人。这些年轻人可以形成乌兹别克斯坦庞大的数字产品和服务潜在客户群,也有可能成为迅速掌握数字信息技术和产品推广能力的重要劳动力资源,使乌兹别克斯坦的数字化转型具备更为广泛的社会基础和可持续发展的能力。在中国与乌兹别克斯坦的数字化转型合作中,以华为、中兴为代表的中国企业一直重视为乌兹别克斯坦培养掌握先进信息通信技术的优秀本土人才。目前,华为在塔什干的子公司大约有员工 300 人,其中 60% 是乌兹别克斯坦当地人,呈现出了明显的本土化趋势。此外,公司还与塔什干信息技术大学合作开展了 HAINA(华为信息与网络技术学院)建设项目和"未来种子"项目,通过建立联合实验室,每年给参与研发和实践项目的乌兹别克斯坦师生发放奖金,并选拔和资助学生到中国参加培训,使其有机会更为深入地了解和掌握信息通信技术的最前沿领域和未来发展趋势。与此同时,华为多次为乌兹别克斯坦信息通信技术论坛和信息通信技术展会提供赞助,在乌兹别克斯坦建立了华为创新中心展厅,为促进全乌信息通信技术行业的蓬勃发展做出了努力。中兴通讯也经常组织各种关于创新技术的研讨会,向乌兹别克斯坦合作伙伴和用户介绍企

---

① 马名杰、戴建军、熊鸿儒:《数字化转型对生产方式和国际经济格局的影响与应对》,《中国科技论坛》2019 年第 1 期,第 12—16 页。

业的行业发展策略,同时也主动了解其具体需求,协助合作伙伴准确识别和全面挖掘市场潜力,促进当地信息通信技术行业的不断发展壮大。另外,乌兹别克斯坦高等和中等职业教育部还与中国的阿里巴巴商学院开展合作,在乌兹别克斯坦建立了乌兹别克斯坦中国网络学院,选拔中学毕业生进入中国开设信息技术和电子商务专业的高等院校接受本科和研究生教育。

值得一提的是,中国的数字技术企业在与丝路沿线各国合作共建数字丝绸之路的过程中,十分关注对象国的民生工程,重视数字技术的普惠功能,主动承担社会责任。2020 年抗击新冠疫情时,阿里巴巴向包含乌兹别克斯坦在内的多个中亚国家提供抗疫相关的技术支持。华为公司也向乌兹别克斯坦相关方面分享了中国的抗疫经验,为机场提供了红外线热像仪,用过硬的技术为乌兹别克斯坦国内数百万用户保持通信畅通、保障远程健康问诊、确保日常生活用品在线订购系统运转正常。其实早在新冠疫情暴发之前,中国数字技术企业就已经非常注重参与当地的民生建设。华为和中兴积极参与乌兹别克斯坦国内的校园数字化改造工程,为学校安装视频网络系统和无线网络,同时配备视频监控系统以确保学校安全。中国数字技术企业还为乌兹别克斯坦偏远地区的信息通信网络覆盖问题提供解决方案。华为专门开发了名为"乡村之星"的解决方案,并于 2018 年在苏尔汉河州迭纳乌区西纳村首次投入使用,以解决偏远地区入网困难的问题。在医疗卫生领域,2019 年乌兹别克斯坦总理阿卜杜拉·阿里波夫参观华为深圳总部时,双方签订了关于救护车业务现代化的合作备忘录,旨在为乌兹别克斯坦救护车配备创新医疗和信息技术设施,以及完善塔什干市紧急呼叫服务中心的设施。

可以看出,目前中乌两国在数字化发展领域的合作充分体现出了开放性和本地化,中国的数字技术企业不但为乌兹别克斯坦"输血",还积极帮助当地企业提升自身"造血"功能,从基础设施建设到人才培养,从基础民生建设到 5G 前沿技术推广应用,全方位帮助乌兹别克斯坦提高数字化发展的本土化水平与创新能力,以实现当地信息通信行业在未来的可持续发展,同时也把技术进步和经济发展的红利带给当地民众。

从总体上看,乌兹别克斯坦在数字化转型和共建数字丝绸之路方面的发展呈良好态势,但是也有着诸多需要克服的问题。

第一,乌兹别克斯坦的数字化转型起步较晚,尽管经过了将近 10 年的改造和建设,目前乌兹别克斯坦的信息通信基础设施有了很大的提升,但这对于彻底完成数字化转型来说仍远远不够,信息通信基础设施的落后将严重制约网络普及率和电子商务活动的开展。在这方面,乌兹别克斯坦政府应积极作为,充分利用国家的政策导向和资金扶持,花大力气打造一流的信息通信基础设施。这是确保乌兹别克斯坦数字经济发展的关键因素,同时也是深度融入全球数字经济发展浪潮的必由之路。

第二,信息技术人才的缺失与外流是阻碍乌兹别克斯坦顺利实现数字化转型的另一大棘手问题。一方面,乌兹别克斯坦本土缺少数字技术领域的高层次专业人才,制约了数字经济的进一步发展。数字技能是数字技术企业经营管理和个人职业发展的必备技能,而要想成为专业信息技术人员则需要具备更高的数字技能水平。虽然乌兹别克斯坦国内年轻人口在数量上有一定优势,但是其数字技能基础普遍都很薄弱,无法满足急需快速发展的数字化转型的人才需求。但另一方面,由于乌兹别克斯坦国内信息通信产业发展还不成熟,没有足够的发展空间,导致一些有天赋的技术人才纷纷外流到其他国家。针对这一现状,乌兹别克斯坦启动了一项名为"百万编程员"的人才培养计划,在七年级时为学生开设编程课程,进而进一步加大数字技能人才培养力度。此外,与华为联合实施的"未来种子"计划也在一定程度上有助于破解人才难题。

第三,法律制度不完善、行政程序不透明、行业垄断现象严重,这些问题严重阻碍了外资对乌兹别克斯坦数字产业的投入。现阶段,乌兹别克斯坦的许多法律法规文件,仍主要依据于独立初期的国家发展状况,已经不能适应信息技术时代的经济建设需要。法规之间有时还会相互抵触,从而引发执行与监督上的随意性,也很容易发生朝令夕改的现象。而公共行政体系和市场监督体系的不透明,成了外国投资进入乌兹别克斯坦所遇到的主要困难。乌兹别克斯坦国有电信集团直接掌控着国内主要信息通信基础设施,并拥有乌兹别克斯坦国家法律赋予的国际通信网络专营权,这样的垄断优势导致了乌兹别克斯坦的通信市场整体竞争水平低下,通信设备和网络服务的价格被人为抬高,一些民营和外国运营商被排挤出国内市场,从而降低了境外投资商对乌兹别克斯坦通信领域的投资意愿。

第四,随着国家数字化转型的进一步深化,在国民经济发展和社会运行的效率得到提升的同时,网络安全问题也越来越突出。如今,数字信息技术和网络安全已经开始被列入国家安全的范畴当中,因为数据的跨国流通和信息通信基础设施建设中的国际合作会让人们对数据安全、国家安全和国家主权等方面的问题产生担忧。所以,在共建数字丝绸之路的过程中,乌兹别克斯坦政府实际上对外国企业参与的数字化转型项目都持较为谨慎的态度。而美国以国家安全为理由对中国的一些通信技术企业加以封杀,这更是加深了乌兹别克斯坦在这方面的疑虑。事实上,对数字技术处于起步阶段的国家而言,唯有促进信息技术的不断发展与完善,才能降低网络犯罪率,增强网络空间中信息的安全性和可靠性,提高公众对数字化转型的信任度。当然,在初期技术手段还不完善时不可避免地会有一些突发的负面情况出现,这或许会造成消费者的顾虑,而一旦就此因噎废食,势必会延缓整个数字化的发展进程,导致更为严重的后果。另外,在短期内,数字信息技术的应用或许会造成工作岗位减少和失业等一系列社会问题,乌兹别克斯坦本土一些技术发展较为缓慢的数字技术企业的生存空间或许也会遭到挤压。但从长期发展的角度来看,伴随着大量海外资金和先进技术的流入,乌兹别克斯坦国内的数字技术和市场需求将会得到快速发展,会形成许多全新的供应链,从而产生新的发展空间和工作岗位。区别只是在于,此时所要求的数字化技能和知识将更为专业,企业发展和岗位竞争的焦点发生了变化。但这种更新迭代实则是经济社会发展的总体趋势。在此过程中,乌兹别克斯坦本土的数字技术企业和专业人才可以获得较快发展,也有利于推动国家整体的数字化转型进程。

　　第五,地缘政治风险也是乌兹别克斯坦在与中国共建数字丝绸之路过程中需要谨慎考量的问题。中亚地区有着巨大的资源优势和市场潜力,吸引着世界各地的投资商,俄罗斯、中国、美国、土耳其、欧盟的政治和经济利益也在此相互交织与碰撞。另一方面,包括乌兹别克斯坦在内的中亚许多国家都存在着经济发展的困难,在当下全球争先发展数字经济的大背景下,这些国家和乌兹别克斯坦在数字化发展方面都存在着竞争关系。目前,乌兹别克斯坦国内最主要的国际网络服务商是哈萨克斯坦电信集团和俄罗斯电信集团,由于乌兹别克斯坦的主干网络是从俄罗斯经哈萨克斯坦再进入乌兹别克斯坦的①,所以乌兹别克斯坦的信息通信安全与俄罗斯和哈萨克斯坦有着十分紧密的联系。而从更大的空间范围来讲,世界各国的信息通信技术企业和数字技术企业也在乌兹别克斯坦形成了盘根错节的利益网络,因此中国企业在乌兹别克斯坦开展业务时也必须充分考虑到现有市场的情况以及背后的利益相关方。要知道,在一国进行数字化转型的过程中,引进新的国外资本和技术力量必将产生新一轮的市场竞争和权力角逐,造成经济和安全利益的流动与整合。因此,一些国家认为数字化转型的进程不仅是技术传播和经济模式的更新,更是融合了权力和利益的互动,故而会采取非市场化的手段进行干预。尤其是在拜登政府 2019 年制定"新中亚战略",对中国高新技术企业实行封杀的背景下,审慎平衡经济利益背后隐藏的政治力量,避免技术合作和经济合作过分政治化,已成为乌兹别克斯坦在共建数字丝绸之路过程中需要重点考虑的一个问题。

　　数字化已经成为 21 世纪经济发展的一个重要特点。从产品到服务,从工业到基础设施,从生产到消费,数字技术支撑的智能、高效、绿色、普惠和包容的新经济,主导着新时期全球经济和产业的新格局。数字经济以数字化的知识和信息作为关键生产要素,以现代信息网络作为重要载体,以信息通信技术的有效应用作为效率提升和经济结构优化的重要推动力,意义重大。而数字丝绸之路倡议的核心内容就是鼓励"一带一路"沿线国家建立数字经济体系。可以说,数字丝绸之路的建设在促进数字经济、贸易全球化、区域创新、现代物流、移动信息化

---

① 肖斌:《数字经济在中亚国家的发展:基于产业环境的分析》,《欧亚经济》2020 年第 1 期,第 38—52 页。

等领域快速发展的同时,也为开展更大范围的国际产能合作带来了前所未有的机遇。目前,乌兹别克斯坦国内的数字化转型进展基本顺利,乌兹别克斯坦也与中国积极合作,主动对接数字丝绸之路的建设,在取得一些成绩的同时,也面临着许多问题与挑战。为了促使双方在数字化发展领域的合作更加深入,未来中乌两国要在双边关系持续稳定发展的大背景下,重视做好顶层设计、拓展多边国际合作,以通信基础设施建设和专业技术人才培养为重点,继续完善中国和乌兹别克斯坦当地的产业融合,帮助乌兹别克斯坦本土企业参与全球产业链分工并增强自身的抗风险能力。中乌双方应始终秉持以互惠与共赢为合作原则,共同推动乌兹别克斯坦的数字经济发展和经济社会全面转型,共建云时代数字丝绸之路。

落户锡尔河畔的浙江工业园区

　　建设丝绸之路经济带和 21 世纪海上丝绸之路是习近平总书记提出的重大构想,也为浙江的对外经贸发展带来了全新的重大发展机遇。在"一带一路"倡议下,浙江企业在上海合作组织成员国的投资热情空前高涨,这些国家成为许多浙商走出国门的第一站。乌兹别克斯坦是浙江"上合朋友圈"中的重要一员,近几年来在中乌关系稳步推进的大前提下,浙乌交往也渐入佳境。浙江的纺织品、茶叶、家具等走入乌兹别克斯坦千家万户,来自乌兹别克斯坦的黑加仑葡萄干、巧克力豆等优质农产品,也越来越多地出现在浙江人的餐桌上。截至 2018 年 4月,乌兹别克斯坦共在浙江省投资设立 15 家企业,浙江在乌兹别克斯坦累计投资 25 家企业,投资总额达到 2.3 亿美元。① 境外合作区是浙江省积极落实"走出去"工作的一张金名片。目前,浙江企业牵头实施的境外经贸合作区共有 6 家,位于乌兹别克斯坦的鹏盛工业园便是其中之一。作为浙江的国家级境外经贸合作区,鹏盛工业园从 2009 年 3 月启动至今,已经成为中国在乌兹别克斯坦投资民营企业的成功典范。

---

　　① 方臻子:《迎来乌兹别克斯坦客人,浙江的"上合朋友圈"越来越大》,2018-6-11,http://fin. zjol. com. cn/201806/t20180611_7513623. shtml,2021-5-2.

乌兹别克斯坦鹏盛工业园区及乌中友谊公园鸟瞰图

乌兹别克斯坦鹏盛工业园位于乌兹别克斯坦境内的锡尔河州,距首都塔什干约 70 公里,由中国浙江温州市金盛贸易有限公司投资建设,是首个中国民营企业在乌兹别克斯坦投资并被两国政府认可、批准的项目。园区规划面积 4 平方公里,现已开发 1.02 平方公里,建成标准厂房、行政办公楼、员工宿舍及配套设施用房等建筑 16 万平方米,引进建材、制革、卫浴五金、宠物食品、智能手机等行业的 10 家企业,目前园区粗具规模。2013 年园区被乌兹别克斯坦政府批准为吉扎克工业特区锡尔河分区,2014 年被浙江省商务厅确认为省级境外经贸合作区。2016 年 8 月,园区通过了中国商务部、财政部的考核,晋升为国家级境外经贸合作区。

温州的商人总是敢为人先。温州是一个轻工业城市,也是一个工业资源短缺的城市。温州轻工制造业的产能已经处于过剩状态。深受资源和空间因素的制约,一些企业在温州很难有更大的发展。同时,国内市场需求饱和,同行间竞争激烈,迫使企业必须开辟新的市场。众所周知,温州素有"中国鞋都"之称,制鞋行业既是温州的传统产业,同时也是温州经济的支柱产业。在温州,与制鞋相配套的皮革加工业也很发达,制革工艺及技术相当成熟,产能优势十分明显。然而,温州制革所需的主要原料牛皮、羊皮,基本上来自中国中西部地区,还有一部分需要从国外采购。制革原料供应受制于人,运输成本又相对较高,成为影响温州制革企业发展的一大难题。温州市金盛贸易有限公司也是一家以制革为企业主营业务的私营企业,寻求品质优良、货源稳定的皮革原料供应渠道是企业一直在做的事。2008 年,在国家"走出去"战略的引领下,金盛公司的相关负责人跟随政府组织的考察团对乌兹别克斯坦进行了一次考察。在考察中,他们发现乌兹别克斯坦地处中亚腹地,是中亚地区的人口大国,该国政局稳定,人民友善,自然资源丰富,劳动力价格和能源价格处于较低水平,而且轻工制造业基础相对薄弱,因而有着良好的投资环境,与之开展产能合作的前景十分广阔。在乌投资能够充分将当地的农牧业资源、矿产品资源和劳动力资源等优势,与温州的制革、制鞋、瓷砖、卫浴五金等传统行业的产能优势结合,实现共同发展。说干就干,考察回国后,金盛公司随即启动了在乌兹别克斯坦建设工业园的投资项目。

中乌两国政府的关怀与支持,是鹏盛工业园快速健康发展的关键所在。2009 年 3 月,金盛公司获得中国商务部发放的境外投资许可证,鹏盛工业园发展有限公司在乌注册。同年 5 月,鹏盛工业园与乌兹别克斯坦外经贸部签署了投资协议,取得一期 67 公顷的建设用地,成为首个得到中乌两国政府批准认可、由中国民营企业在乌投资合作的项目。2009 年 9 月,鹏盛工业园正式动工开建。在园区建设和运营过程中,乌兹别克斯坦政府高度重视园区各项工作的进展情况,总统为鹏盛工业园签发了 1139 号总统令,园区建设和生产所需的设备、材料均享受免税的优惠政策。2013 年,园区被乌兹别克斯坦政府批准为吉扎克工业特区在锡尔河州的分区,可以享受国家特区的各项优惠政策。乌兹别克斯坦政府官员多次莅临园区,协调解决建设中遇到的问题,确保各项工程顺利进行。

此外,鹏盛也时刻感受到中国政府对园区的关怀与温暖。2013 年和 2016 年,习近平主席两次出访乌兹别克斯坦,都接见了园区领导。2016 年习近平主席访乌期间,中乌两国关系上升为全面战略伙伴关系,更增强了鹏盛的投资信心。中国商务部、浙江省政府代表团多次到园区视察指导。中国驻乌兹别克斯坦使馆在调研指导园区工作的同时,帮助园区解决了许多发展中遇到的实际问题。

2010 年,首批入园的两家企业,仅仅用了不到一年的时间,就建起厂房,安装好设备,投入生产,形成了年加工牛皮 60 万张、羊皮 100 万张的制革厂和年产 600 万平方米瓷砖的陶瓷厂。随后,园区又从国内引进了制鞋、宠物食品、卫浴五金、智能手机等生产项目。自首家企业投产以来,园区的各项经济指标平均每年以两位数的幅度增长。截至 2017 年,园区共有员工 1500 多人,其中乌方员工 1300 人,为当地解决了部分就业问题。2016 年园区实现工业总产值 10468 万美元,产品销售总额 9621 万美元,其中出口 3454 万美元,向当地政府纳税 950 万美元,占到锡尔河州税收的 1/5。鹏盛工业园生产的瓷砖、皮鞋、卫浴五金、智能手机等产品热销乌兹别克斯坦等中亚市场,皮革、宠物食品等产品则出口到中国、俄罗斯等多个国家。[1]

---

①　浙江省商务厅主编:《浙江省对外投资合作发展报告(2017)》,浙江工商大学出版社 2017 年版,第 204 页。

此外,鹏盛工业园在乌兹别克斯坦首都塔什干设有商务中心和产品展示中心,拥有一支含法律、海关、商检、税务、营销等专业人士的服务团队,为入园企业在市场调查、政策咨询、注册登记、人事代理、财务税务代理、货物进出口代理等方面提供一站式服务。

在自身持续发展的同时,鹏盛不忘企业的社会责任,努力融入当地社会,长期以来热衷于参与当地的公益事业。2011 年成立了鹏盛慈善基金会,每年实施帮扶贫困家庭的项目,资助当地学校,累计捐助金额已逾 230 万美元。2015 年还投资 260 万美元,在锡尔河州建设生态公园,园内有运动场、足球场、泳池、技能培训及购物中心,给园区员工和当地的民众创造了一个锻炼、学习、购物及休闲娱乐的好去处。

乌兹别克斯坦首任总统卡里莫夫曾高度评价,鹏盛等中国企业是乌兹别克斯坦与外国投资合作的典范,为乌兹别克斯坦的经济发展和经济结构改革做出了重大贡献。当地民众也亲切地赞誉鹏盛工业园为“中国工厂”。经过多年在乌兹别克斯坦的本地化经营,鹏盛已经基本上建立了适应乌兹别克斯坦国情的发展模式,为国内民营企业在中亚成功投资走出了一条新路子。总的来说,鹏盛在乌兹别克斯坦开展的国际产能合作,主要成效体现在三个方面:一是为当地提供物美价廉的轻工、建材产品,在丰富本地市场供应的同时,加大产品出口,为乌兹别克斯坦创收了紧缺的外汇。二是带动了当地的就业和经济繁荣,对改善民生、促进社会稳定产生了积极影响。三是通过国际产能合作,带动国内设备、技术出口,拓展了新的市场,企业自身的国际竞争力也进一步增强,提升了“中国制造”“中国品牌”的美誉度和影响力,加速了中国企业国际化的进程。目前鹏盛正在寻求与国内的大企业合作,共同开发建设园区三期工程。

在鹏盛工业园的带动下,越来越多的浙江制造走向乌兹别克斯坦。塔什干综合批发市场聚集了家电、建材、服装、鞋子、灯具等各种商品,它们大部分来自中国,特别是浙江。宁波奥克斯空调凭借较高的性价比成了当地人购买空调时的首选。来自浙江嘉兴的品牌童车阿迪乐也可以在这里买到。很多服装辅料,包括纽扣、花边、面料等都是从宁波进口的。慈溪公牛集团生产的插座和转换器也经常能在乌兹别克斯坦的大型商场和超市里看到。宁波海天集团的注塑机在乌兹别克斯坦也很有名气。

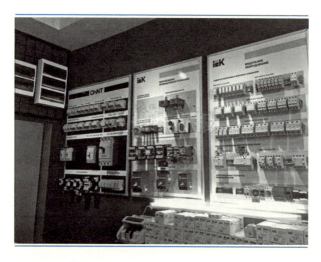

塔什干阿布塞黑市场上的正泰电器的产品

然而,中国民营企业"走出去"的道路并不平坦,在异国他乡投资创业面临诸多问题。一是融资难。融资难是跨国经营企业的普遍现象,特别是中亚国家经济欠发达,金融政策比较紧,企业在当地的融资渠道过于单一,制约了企业的进一步发展。二是汇率风险大。企业在外经营,经常会面临汇率波动的风险。乌兹别克斯坦外汇储备短缺,因此实行十分严格的外汇管制政策。企业要想把在当地实现的利润分配返回到国内,不但手续烦琐,还难以拿到外汇指标。如此之高的换汇成本,企业根本无法承受。三是物流困难。如果企业所生产的某种产品的产业链另一头在国内,就必须进行产品的往返运输。这会大大延长生产周期,增加生产成本。上述这些问题有一部分是企业自身可以想办法解决的,但诸如汇率问题还是需要由双方政府层面协商才能解决。

值得关注的是,随着鹏盛工业园在乌兹别克斯坦合作领域的拓宽,它已经不仅仅局限于推动中乌经贸合作,更是成为两国全面深入合作的综合平台。

2020年6月11日,在温州市瓯海区举行了乌兹别克斯坦鹏盛丝路学院项目的签约仪式,这是由浙江省商务厅主办,浙江省国际投资促进中心承办的第22届浙江投资贸易洽谈会的重要活动之一。乌兹别克斯坦鹏盛丝路学院是浙江省首家从事农业跨国人才培育的"一带一路"丝路学院,计划设立在鹏盛工业园区内,由乌兹别克斯坦塔什干国立农业大学、温州科技职业学院(温州市农业科学研究院)、乌兹别克斯坦鹏盛工业园区三方合作设立,服务国家"一带一路"倡议,依托两地院校,为人才智库、科研技术储备库培养人才,推进国外合作院校资源、行业企业资源、政府国际组织资源有效整合,着力促进中乌两国人才交流、科研项目、国际经贸与产能等领域的合作,助力本土国际化人才发展和中国企业"走出去"。

乌兹别克斯坦塔什干国立农业大学在中亚地区是一所成立较早且声望较高的大型农业大学,在乌兹别克斯坦的农业类大学中有着很高的地位,培养的专业技术人才数量众多,设有中亚农业研究所,其农学、农机、育种等都是国家重点类目。温州科技职业学院(温州市农业科学研究院)为全国高职院校服务贡献 50 强单位、首批全国新型职业农民培育示范基地、中德农民培训合作试点单位、全国高职院校科研工作先进单位,其农业职业教育、农业科研工作、新型职业农民培育和"三农"服务工作均走在全国同行前列。而被商务部评为"丝路明珠"的鹏盛工业园为这两所位于丝路两端的优秀高校提供了交流与合作的平台,帮助浙江高校主动对接国家"一带一路"建设,拓展中国特色职业教育海外影响力,也为自己的进一步发展创造了更多的机会。三方需求与合作匹配度较高,合作前景广阔,前期已就教育培训研究、全日制人才培养输送、农业科研合作以及平台搭建等产教融合达成协议。未来,三方将着力打造这一培养跨国人才的丝路学院品牌,在实践中不断拓展合作范围和项目,深化探索和优化合作模式,积极贯彻国内国际双循环的发展战略,推动"一带一路"沿线国家对中国价值观的认可,推进民心相通,共建浙江省"一带一路"丝路学院的典范。

至此,鹏盛工业园又为浙江省打造展示"一带一路"建设成果的重要窗口增添了一道亮丽的风景线。在它的带领下,浙江省境外经贸合作园区建园企业与高职院校共建丝路学院成为浙江省深度推动"一带一路"建设的一项务实举措和一个创新载体,对于浙江在"一带一路"沿线国家打造一批高级别开放平台具有重要的战略意义,也体现了新时代双循环发展的需要。

循着丝路而来的乌兹别克朋友们

2021 年 3 月,早春的杭城迎来了一位重要的客人,乌兹别克斯坦驻华大使巴赫济约尔·萨伊多夫前来进行工作访问。在访问期间,萨伊多夫大使与包括华立集团、浙江明盛控股集团有限公司、长龙航空、阿里巴巴在内的杭州当地大型企业负责人举行了一系列会议,讨论了在投资、贸易、经济、民航、先进信息技术等领域开展双边合作的实际问题,取得了不错的实质性成果。会谈决定:乌兹别克斯坦将与华立集团合作,在乌兹别克斯坦建立一个电气和药品生产技术园,由华立集团进行项目的概念设计;乌兹别克斯坦将与浙江明盛控股集团有限公司合作,在乌兹别克斯坦北部的纳沃伊州生产纺织染料;乌兹别克斯坦将与阿里巴巴合作,在数字化、电信基础设施、大数据处理技术、智慧城市、人工智能、智能控制系统等领域开展重大投资项目。此外,萨伊多夫大使与长龙航空董事长刘启宏讨论了恢复塔什干—西安—塔什干和塔什干—成都—塔什干定期航线的问题,还重点讨论了建立从上海、广州、杭州到塔什干,以及从北京到撒马尔罕的新航线,作为促进乌兹别克斯坦朝圣旅游的一部分。除了与企业对接,萨伊多夫大使还专程会见了中国美术学院的领导。萨伊多夫表示,中国美术学院为 20 国集团、亚太经合组织和上海合作组织等框架内组织的重大国际活动所提供的设计服务给他留下了十分深刻的印象,未来也非常希望能有合作的机会。中国美术学院领导表示,很愿意在工业、时装、纺织和综合设计、视觉设计等领域与乌兹别克斯坦的相关教育机构建立伙伴关系。

从这次在杭州举行的会谈中可以看出,乌兹别克斯坦在积极地向外寻求更多与中国合作的机会,而中国的各类企事业单位对加强与乌兹别克斯坦的互动关系也越来越感兴趣。实际上,浙江与乌兹别克斯坦一直保持着十分友好的交流合作。2017 年 4 月,前来参加中乌交通合作分委会第五次会议的乌兹别克斯坦对外经济联系、投资和贸易部部长加利耶夫一行到访杭州,与时任浙江省省长车俊举行会谈。也是在 2017 年 4 月,时任浙江省副省长梁黎明在杭州会见由乌兹别克斯坦撒马尔罕市市长沃希德·拉希莫夫率领的乌兹别克斯坦地方领导访华代表团一行。2018 年 5 月 4 日,时任浙江省省长袁家军会见了到访杭州的乌兹别克斯坦锡尔河州州长米尔扎耶夫·加弗尔章·加尼耶维奇一行,共同签署了两省州建立友好交流关系意向书。而所有这些交往都是在共建"一带一路"倡议的框架下进行的。作为最早支持"一带一路"倡议的国家之一,地处中亚地缘中心的乌兹别克斯坦在历史上是古丝绸之路的关键枢纽,今天则是共建"一带一路"的重要参与者和建设者。可以说,在这个"参与全球治理的中国智慧和中国方案"的指引下,中国与乌兹别克斯坦的双边合作领域正在进一步深化与拓宽。

"一带一路"筑起桥梁,"五通三同"引领发展。国之交在于民相亲,民相亲在于心相通。自"一带一路"倡议提出以来,作为"五通"之一的民心相通一直被摆在十分重要的位置上。民心相通源自中国传统文化,奠基于新中国优良外交传统,成形于新时代外交理论和实践创新,具有丰富的思想理念内涵。重视并抓好民心相通工作,对推进"一带一路"建设、促进沿线国家共同发展、推动构建人类命运共同体具有重要而深远的意义。中乌两国的友好交往源远流长,古丝绸之路让两国人民互通有无,共同谱写了和平、友好、合作的美丽诗篇。而人与人之间的交流,正是民心相通最为重要的内涵所在。

曹仲达"湿衣贴体"的画作,何满子宛转悠扬的歌声,刚劲有力的胡旋舞,矫健多姿的柘枝舞,环行急蹴的胡腾舞,鲜甜美味的各类瓜果,这些都见证着古代乌兹别克人民对中国表现出来的善意和向往。如今,中国仍然是乌兹别克斯坦最友好的伙伴之一,许许多多的乌兹别克朋友循着焕然一新的丝路,来认识现代的中国。除了政府间的交往、企业间的合作,留学生这一青年群体是跨文化交流的实践者,是国家间人文交流的载体,在民间交往和文化交流中扮演着重要的角色,更是民心相通最为有力的推动者。

被中国征服的费尔干纳小伙子

易卜拉欣(Ибрагим)来自乌兹别克斯坦东部的费尔干纳山谷,目前正在上海政法学院攻读硕士学位。费尔干纳是中亚最复杂的地方,有中亚的"巴尔干"之称。在历史上,这个中国古称"大宛"并出产汗血宝马的盆地中发生过无数战争。这里盛产棉花、稻米和水果,有着全国最著名的葡萄,费尔干纳红稻米做成的抓饭被誉为最正宗的抓饭。但是谈及费尔干纳,也很容易让人联想到"落后""强悍""激进"等字眼。的确,那里远没有塔什干那样现代,几乎没有高层建筑。易卜拉欣说在他的家乡很少有人懂中文,但是他们都知道中国是一个充满活力的现代化国家。这样的"中国印象"是从哪里来的呢? 答案是中国电影。易卜拉欣说,他家乡的伙伴们都非常喜欢看中国电影,对电影中描绘的中国文化和中国人的生活很感兴趣,功夫大师李小龙和成龙都是他们心中的传奇人物。

　　从中学开始,易卜拉欣就梦想着能到上海留学,真正体会和中国学生一样的校园生活,也能充分提高自己的汉语水平。2019 年,梦想终于照进了现实。易卜拉欣申请了"一带一路"计划,他说自己应该是他们当地第四个申请到这个计划的幸运儿。在项目资助下,易卜拉欣如愿以偿地来到上海,进入上海政法学院学习。由于以前学过两年中文,易卜拉欣决定用中文学习所有的课程,用他自己的话说是"这样能够获得一个完整的沉浸体验"。刚到中国时,易卜拉欣发现身边的留学生都有中文名,他便决定给自己也取一个。上网搜索之后,易卜拉欣觉得"张伟"这个名字不错。他说:"我查了一下,'张'代表着'伸展''扩张','伟'代表着'力量''高大''不寻常',这个名字的寓意很好,我很喜欢。"

　　易卜拉欣的兴趣范围很广,中国古代史、国际关系、政治类和商业类课程都是他目前正在学习的内容。任课教师对工作的负责态度给易卜拉欣留下了深刻的印象,每次上课,老师都会准备特别丰富的教学内容,他说虽然学习的内容对自己来说有些难,但是实在佩服老师的敬业精神和对学生的无私奉献。课堂上中国学生的认真和专注也让易卜拉欣赞叹不已,几乎没有人闲聊,他说这样的情景在乌兹别克斯坦太难见到了。更重要的是,易卜拉欣的中国同学对他都特别友好,除了课堂上的学习交流,在私底下,中国同学也让他了解到了更多现代的中国文化元素,比如各类时下流行的俚语,还带着他去上海的不同地方旅游观光,介绍好吃的餐馆,一起去唱卡拉 ok、打麻将,教他如何在淘宝上买东西,等等。

2021 年端午节易卜拉欣(第一排左二)和其他留学生们观看上海退休老人的表演

"我以前学过很多中国政治和文化,但从来没有从中国的角度看过这些问题。"的确,可以从中国的角度来认识和看待中国,这是来上海留学让易卜拉欣觉得最有价值的地方。除了亲身体会上海美丽的四季风景,喜欢历史的易卜拉欣还专程去了南京,明城墙、总统府、夫子庙、南京大屠杀纪念馆,这些曾经只是出现在书本上的文字符号如今变成了触手可及的一砖一瓦,中国悠远厚重的过去从未像此刻这般真实地展现在我们这位乌兹别克斯坦朋友的眼前。而更为重要的是,在回味了历史之后,易卜拉欣马上又能跟中国朋友一起去品尝当地最有名的南京小吃,坐在现代的建筑中聊着时下最热门的话题。既能更深刻地了解历史,又能更深切地看到现实,这是外国朋友来到中国之后最大的感慨,用易卜拉欣的话说就是"我的心已经被这里的一切征服了"。

2021 年易卜拉欣参加学校组织的留学生聚餐

喜欢做生意的塔什干勤奋青年

来自塔什干的乌兹别克斯坦小伙子穆罕默德（Мухаммед）也有一个好听的中文名字："慕寒"，不仅意境优美，发音还跟本来的名字很相似。

2015 年，穆罕默德来到广东外语外贸大学开始自己的留学生涯。刚到中国的时候，穆罕默德还不太适应广州的快节奏生活，中文基础也不好，沟通非常困难。好在穆罕默德的爸爸在广州有一个一起做生意的中国朋友，他就暂住在这位"中国爸爸"家里。这些友善的中国家人给了穆罕默德很多帮助，让他很快就顺利度过了那段"艰难"的时光，"慕寒"这个名字也是这位热心的"中国爸爸"取的。在这个过程中，穆罕默德结交了很多中国朋友，他们都非常开朗、热情、好客。一开始穆罕默德不习惯中国的饮食,很想念乌兹别克的美食,朋友们就专门为他准备了很多中国美食,教他怎样去品尝。很快,这位乌兹别克斯坦小伙就喜欢上了中国味道。兰州拉面是穆罕默德最喜欢的中国美食,中山八路的兰州拉面馆成了他在广州时经常光顾的餐厅,那种味道至今仍让他回味无穷。

穆罕默德在广州与同学合影

在广州上学的时候,穆罕默德参加了广交会,那是他第一次与世界各地的商人打交道。本来就很愿意和人打交道的穆罕默德发现,在经商过程中会有很多乐趣,虽然每一笔成功的业务背后都要付出辛苦的努力,但每一次签订合同,大家举杯庆祝时都会有一种成就感。慢慢地,穆罕默德心里萌发了自己做生意的想法,并给自己设定了未来投资创业的目标,比尔·盖茨、马斯克都是他的偶像。他说:"虽然我不一定能成为他们那样成功的人,但我愿意去尝试、去努力,我相信付出终会有回报。"

　　2017—2018 年,穆罕默德又在新疆学习一年。那里的饮食、日常生活和交流对穆罕默德来说都没有问题,但是因为天气太过寒冷,而且经商环境没有东南沿海地带优越,所以在那里生活一年后,穆罕默德选择离开。2019 年,这个敢闯敢试的乌兹别克斯坦年轻人来到了向往已久的中国旅游胜地海南岛。在这里,穆罕默德还是一如既往地积极和勤奋,他白天上学,下午去酒店卖土耳其冰激凌,晚上又去机场接送俄罗斯旅游团。穆罕默德说,他在中国看到了许许多多努力工作、乐观生活的人们,老人们很早就会起来打太极拳,年轻人学习非常刻苦,从来不放松,老老少少都生活得很有朝气。更难得的是,人们虽然忙碌,但总会抽出时间来陪伴家人,让人觉得非常温暖。

穆罕默德在中国新疆与老师和同学合影

　　现在,穆罕默德又回到了家乡,在一家中国房地产开发公司工作,公司目前正在塔什干开发一个 50 万平方米的大型商业综合体。在穆罕默德的眼中,他们做的不仅是建造质量过硬的房子,更是在用自己的努力夯实可靠的乌中关系。穆罕默德喜欢在中国的生活,喜欢中国的文化,尤其是中国的茶道,一杯香茗让他参悟到了很多人生的道理。对穆罕默德来说,中国就是他的第二故乡,他表示等疫情过去,有机会一定还要回到中国,去见他的中国爸爸妈妈、中国同学朋友们。

想要游遍中国的乌兹别克斯坦姑娘

热情开朗的乌兹别克斯坦姑娘迪丽朵拉(Дильдора)也来自塔什干,她更喜欢朋友们叫自己"金花"。"金花"是迪丽朵拉刚来中国的时候给自己取的中文名,那时的她才刚刚接触中文,觉得这个名字很好念,寓意又好。更让金花感到开心的是,她的中国同学似乎也对这个名字很感兴趣,每一个认识她的人都问过她为什么要取这个名字,她也因此交到了很多好朋友。

金花家乡的很多朋友和亲戚都曾经到过中国,而且不止一次。他们告诉金花,中国不但历史悠久,还很现代,在城市中人们既可以参观到许多文物古迹,也可以看到鳞次栉比的漂亮摩登建筑,这实在是太令人不可思议了。而且在他们的印象中,这里的人们似乎永远不知疲倦,每个人都活在"不夜城"里,从早到晚都在忙碌着。金花的妈妈 10 年前到过北京,她向女儿描述了当时自己在商场里为家人买纪念品时,售货员们是如何热情地帮着她一起挑选。"古今交融""充满活力""友善好客",就是这些让人浮想联翩的描述让金花对中国一直情有独钟。4年前,金花成了天津理工大学国际经济与贸易专业的一名本科生。直到自己踏上中国土地的那一刻,金花终于明白了为什么自己的家人们会对中国如此着迷。

　　也许是跟从小受到的熏陶有关,金花很快就习惯了中国的饮食、语言和文化习俗。金花说教他们中国文化课的老师特别用心,有一次上课特地带来了全套食材和工具,当场向同学们展示怎么包饺子。特别令人感动的是,老师准备了各种口味的馅料,因为班上的同学来自不同的国家,有着不同的宗教信仰。此外,月饼、火锅、麻辣烫,都是金花爱吃的中国美食。

2019 年金花(左二)和其他留学生朋友们一起逛天津的传统市集

　　金花是个非常优秀的姑娘,除了获得来中国留学的项目资助,她还得到了学校的奖学金。2019 年 4 月,金花代表系里去参加了在昆明举行的 2019 年(新加坡)全球品牌策划大赛中国地区选拔赛暨 2019 年"一带一路"沿线国家留学生商业精英挑战赛品牌策划竞赛,她所在的团队获得了第三名的好成绩。

2019 年金花代表学校在昆明参加比赛

　　现在金花已经毕业回到了乌兹别克斯坦,但是她仍然想念着在中国的生活,想念着中国的老师和同学们,她说自己已经去过了天津、北京和昆明,未来有机会一定要走遍中国所有的城市,好好领略中国的美。

　　其实,像张伟、慕寒和金花这样的乌兹别克斯坦来华留学生的故事还有很多很多。他们就是中乌文明交流的一道桥梁,在亲身感受过中国的悠久历史、发展成就和面临的问题之后,他们不再是旁观者,而是当代中国发展历程的见证者和参与者。很多留学生学成回国后,都成了中国故事的讲述者,向同胞们传递着中国真实的面貌和发展,使越来越多的人增进了对中国的了解和信任。如今,随着"一带一路"合作向纵深发展,乌兹别克斯坦国内的对华合作需求越来越大,人们对汉语、对中国文化的兴趣也越来越浓,势必会有更多的乌兹别克斯坦人来到中国。而这些循着丝路远道而来的中亚朋友,怀揣对中国的憧憬和向往而来,带着满满的回忆和爱意而去,在这一来一去之间,让中国和乌兹别克斯坦这份悠远的情谊变得更加充满人情味。

参考文献

一、中文文献

[1] 阿里木江·阿不来提.中亚社会保障问题研究[M].北京：企业管理出版社,2013.

[2] 郭晓婷.乌兹别克斯坦数字化转型及与"数字丝绸之路"的对接[J].欧亚经济,2020(6).

[3] 黄民兴,康丽娜.文明交往视阈下16世纪布哈拉汗国的经济发展[J].史学集刊,2021(2).

[4] 蓝琪.中亚史:全六卷[M].北京:商务印书馆,2020.

[5] 蓝琪.论中亚希瓦汗国[J].史学月刊,2012(12).

[6] 李硕.俄国征服中亚战记[M].北京:中信出版社,2020.

[7] 李郁瑜.乌兹别克斯坦国民教育改革及发展现状分析[J].比较教育研究,2020(7).

[8] 李自国.米尔济约耶夫总统:乌兹别克斯坦改革时代的设计师[M].北京:世界知识出版社,2019.

[9] 马大正,冯锡时.中亚五国史纲[M].乌鲁木齐:新疆人民出版社,2005.

[10] 马名杰,戴建军,熊鸿儒.数字化转型对生产方式和国际经济格局的影响与应对[J].中国科技论坛,2019(1).

[11] 石越洋.浅谈乌兹别克斯坦经济体制改革[J].中国集体经济,2021(15).

[12] 孙力.中亚黄皮书:中亚国家发展报告:2017[M].北京:社

会科学文献出版社,2017.

[13] 孙壮志等. 中亚五国政治社会发展 30 年:走势与评估 [M]. 北京:中国社会科学出版社,2020.

[14] 孙壮志,苏畅,吴宏伟. 乌兹别克斯坦[M]. 北京:社会科学 文献出版社,2016.

[15] 王海燕. 中国与中亚国家共建数字丝绸之路:基础、挑战与 路径[J]. 国际问题研究,2020(2).

[16] 王沛. 中亚五国概况 [M]. 乌鲁木齐:新疆人民出版 社,1997.

[17] 肖斌. 数字经济在中亚国家的发展:基于产业环境的分析 [J]. 欧亚经济,2020(1).

[18] 解志伟. 试论乌兹别克族的民族形成过程[J]. 三峡论坛 (理论版),2012(3).

[19] 伊斯拉姆·卡里莫夫. 乌兹别克斯坦沿着深化经济改革的 道路前进[M]. 北京:国际文化出版公司,1996.

[20] 喻智健. "一带一路"背景下我国互联网经济模式在中亚优 势分析——以哈萨克斯坦为例[J]. 对外经贸,2017(12).

[21] 张娜. 中亚现代民族过程研究[M]. 北京:中央民族大学出 版社,2008.

[22] 张宁. 乌兹别克斯坦独立后的政治经济发展:1991—2011 [M]. 上海:上海大学出版社,2012.

[23] 浙江省商务厅. 浙江省对外投资合作发展报告:2017[M]. 杭州:浙江工商大学出版社,2017.

[24] 中国电子信息产业发展研究院. 数字丝绸之路:"一带一 路"数字经济的机遇与挑战 [M]. 北京:人民邮电出版 社,2017.

[25] 周建英. "一带一路"国别概览:乌兹别克斯坦[M]. 大连:

大连海事大学出版社,2018.

[26] 周尚文,叶书宗,王斯德. 苏联兴亡史[M]. 上海:上海人民
出版社,1993.

二、俄文文献

[1] АДЫЛБАЕВ А. Книга рекордов Узбекистана [M].
Ташкент: Узбекистан, 2008.

[2] АХМЕДОВ Э. Республика Узбекистан: Краткий справочник
[M]. Ташкент: Узбекистан, 1995.

[3] БАБАХОДЖАЕВ М. А. Республика Узбекистан: Очерки
межнациональных и межконфессиональных отношений
внешнеэкономических связей[M]. Ташкент: Узбекистан, 1996.

[4] ЕВСЕЕВ В. О противоречивости Российско-узбекских
отношений в военно-политической сфере [J]. Мировая
экономика и международные отношения, 2013.

[5] МАЛАШЕНКО А. Этнические и региональные конфликты в
Евразии[M]. Москва: Весь мир, 1997.

[6] НАЗАРОВ Р., ЮНУСОВА Ж. Русский язык в современном
Узбекистане[J]. Россия и мусульманский мир, 2008.

[7] ПАРАМОНОВ В., СТОЛПОВСКИЙ О. Россия и
Центральная Азия: двустороннее сотрудничество в военной
сфере[J]. Шривенхем, 2008.

[8] СМЕРДОВ И. В. Китай-Узбекистан: развитие отношений
[J]. Азия и Африка сегодня, 2008.

[9] ХОДОЯТОВ Г. Национальный вопрос в СССР [M].
Ташкент: Узбекистан, 1991.

后　记

　　为服务国家"一带一路"倡议和浙江开放强省建设,增进公众对"一带一路"沿线国家的了解,在浙江省社会科学界联合会策划和指导下,浙江外国语学院组建科研团队,开展"走进'一带一路'丛书"科普著作的立项编写工作。本书是"走进'一带一路'丛书"之一,同时也是浙江省社会科学界联合会社科普及课题"中亚腹地的'四金之国'——乌兹别克斯坦"的研究成果。

　　乌兹别克斯坦共和国地处中亚腹地,拥有独特的自然风光、悠久的历史文化和充满智慧的人民。由于地处阿姆河、锡尔河之间,自然资源丰富,盛产棉花,有着丰富的黄金、石油、天然气等资源,乌兹别克斯坦也被称为"四金之国",在中亚地区具有十分重要的战略地位。自从 1991 年成为独立的主权国家以来,乌兹别克斯坦已经逐渐构建起了符合本国国情的政治、经济、外交和国防安全体系。首任总统卡里莫夫执政期间,坚持独立自主的发展道路,推行渐进式的政治经济改革路线,使乌兹别克斯坦保持了稳定的政局、良好的社会秩序和有利的国际环境,保证了国民经济的持续增长。2016 年,乌兹别克斯坦平稳地实现了独立以来的首次最高权力交替。新总统米尔济约耶夫延续了首任总统的治国方针和外交理念,继续把经济发展作为国家的优先战略,取得了一定成效。

　　作为古丝绸之路的关键节点,乌兹别克斯坦也是中国正在大力建设的"丝绸之路经济带"上的重要国家。在"一带一路"

从全面布局到走深走实的全新历史条件下,从历史、现实、中乌合作等多个方面来展现乌兹别克斯坦的全貌,有助于民众对乌兹别克斯坦的国情、民情、社情、商情加深了解,进一步推动中乌两国民心相通,开展更为有效的双边合作。

本书由开篇、上篇、中篇、下篇四个部分组成。开篇简要介绍全书内容。上篇围绕乌兹别克斯坦的历史展开,选取较为重要的时间节点和事件进行具体论述。中篇选取政治、经济、外交、教育、语言政策、社会保障、旅游业发展等具体方面,对乌兹别克斯坦独立后的国家发展情况进行专门分析。下篇介绍乌兹别克斯坦与中国,尤其是与浙江的交往。全书力求兼具思想性、学术性和可读性,不追求面面俱到,但力争言之有物,对问题进行深入分析,形成一定的观点。

本书的顺利出版得益于浙江工商大学出版社的精心策划,浙江外国语学院的倾力组织。在此要特别感谢中国社会科学院俄罗斯东欧中亚研究所原副所长、原人民日报驻哈萨克斯坦首席记者孙力老师,中国社会科学院世界历史研究所研究员、著名中亚史学者侯艾君老师,北京大学外国语学院青年历史学者施越老师对书稿的斧正。

由于时间仓促,参考资料和作者水平有限,错漏之处在所难免,欢迎读者不吝指正。

编者

2022 年 8 月